CABOTINS!

COMÉDIE

Représentée pour la première fois, à Paris, à la COMÉDIE-FRANÇAISE
le 12 février 1894.

CALMANN LÉVY, ÉDITEUR

DU MÊME AUTEUR

L'AGE INGRAT, comédie en trois actes.
L'AUTRE MOTIF, comédie en un acte.
LE CHEVALIER TRUMEAU, comédie en un acte, en vers.
LE DÉPART, poésie dite sur la scène du Théâtre-Français.
LE DERNIER QUARTIER, comédie en deux actes, en vers.
L'ÉTINCELLE, comédie en un acte.
LES FAUX MÉNAGES, comédie en quatre actes, en vers.
HÉLÈNE, tragédie bourgeoise en trois actes, en vers.
LE MONDE OU L'ON S'AMUSE, comédie en un acte.
LE MONDE OU L'ON S'ENNUIE, comédie en trois actes.
LE MUR MITOYEN, comédie en deux actes, en vers.
LE PARASITE, comédie en un acte, en vers.
PENDANT LE BAL, comédie en un acte, en vers.
PETITE PLUIE..., comédie en un acte.
LA POUPÉE, poésie.
PRIÈRE POUR LA FRANCE, poème dit sur la scène du Théâtre-Français.
LE NARCOTIQUE, comédie en un acte, en vers.
LE SECOND MOUVEMENT, comédie en trois actes, en vers.
LA SOURIS, comédie en trois actes.

AMOURS ET HAINES, un volume.
DISCOURS ACADÉMIQUES, un volume.
LES PARASITES, un volume.
LE THÉATRE CHEZ MADAME, un volume.
ÉMILE AUGIER, une brochure.

ÉDOUARD PAILLERON

DE L'ACADÉMIE FRANÇAISE

CABOTINS!

COMÉDIE EN QUATRE ACTES

TROISIÈME ÉDITION

PARIS
CALMANN LÉVY, ÉDITEUR
ANCIENNE MAISON MICHEL LÉVY FRÈRES
3, RUE AUBER 3
1894
Droits de reproduction, de traduction et de représentation réservés.

A LA MÉMOIRE TOUJOURS PRÉSENTE DE MON VIEIL AMI

HENRI LAVOIX

J'AI DÉDIÉ CETTE COMÉDIE QU'IL AIMAIT

ÉDOUARD PAILLERON.

PERSONNAGES

GRIGNEUX............	MM. Got.
PIERRE CARDEVENT.....	Worms.
CADET...............	Coquelin Cadet.
SAINT-MARIN.........	Le Bargy.
PÉGOMAS.............	De Féraudy.
DE LAVERSÉE.........	Leloir.
LARVEJOL............	Truffier.
CARACEL.............	Georges Berr.
HUGON...............	P. Laugier.
UN FACTEUR..........	Joliet.
LE MAIRE............	Dupont-Vernon.
PREMIER MOULEUR.....	Villain.
DEUXIÈME MOULEUR....	Hamel.
COLTNER.............	Clerh.
LOVEL...............	Leitner.
UN DOMESTIQUE.......	Falconnier.
BRASCOMMIÉ..........	Paul Veyret.
PREMIER REPORTER....	Rosemberg.
DEUXIÈME REPORTER...	Jahyer.
UN PHOTOGRAPHE......	Ravet.
MORTON..............	Magnier.
MADAME CARDEVENT....	Mmes P. Granger.
VALENTINE...........	M.-L. Marsy.
UNE FEMME...........	Frémaux.
LE MODÈLE...........	Bertiny.
MADAME DE LAVERSÉE...	Brandès.
UNE FEMME DE CHAMBRE.	Lynnès.
LA DIVETTE..........	Thomsen.
UNE FEMME...........	Jamaux.
LA BARONNE..........	Ludwig.
LA REPORTERESSE.....	Hadamard

Pour la mise en scène, s'adresser à M. Gaillard, à la COMÉDIE-FRANÇAISE.

CABOTINS!

ACTE PREMIER

Atelier de sculpteur. — Portes au fond et à droite.

SCÈNE PREMIÈRE

PIERRE, seul, debout.

Il travaille à un buste de femme placé sur une sellette et chantonne en travaillant.

Ia la bloundo Mirabello
Qui se voudrié marida
Emé Jean de la Gabello
Que la facho demanda...

Il s'arrête.

Ce n'est pas encore ça!... L'œil est vague, le modelé sans finesse, les cheveux ne se massent pas... Tout cela est flou...

Ah! gredins de cheveux!... (se remettant au travail.) Aïe donc! Aïe donc!...

> Lou segnour de l'acountrado
> Qu'es panard...

On frappe.

Allons, bon!... Entrez!...

SCÈNE II

PIERRE, travaillant toujours. UNE FEMME, passant la tête par la porte du fond entre-bâillée.

LA FEMME.

Faut pas un modèle, monsieur Quatrevents?

PIERRE, sans se retourner.

Cardevent!

LE MODÈLE.

De femme?

PIERRE.

Non!

LE MODÈLE.

L'ensemble?

PIERRE.

Non!

LE MODÈLE.

Voulez pas que je me déshabille?

ACTE PREMIER

PIERRE.

Non!

LE MODÈLE.

Alors, je monte dans la boîte à l'ail, chez les autres.

PIERRE.

C'est ça!

LE MODÈLE.

Y sont-ils?

PIERRE.

Vous le verrez bien.

LE MODÈLE.

Merci!

La femme referme la porte.

PIERRE.

Pas de quoi!

LE MODÈLE, *repassant sa tête par la porte.*

Dites donc, monsieur Quatre-Vents?

PIERRE.

Cardevent.

LE MODÈLE.

C'est de vous *Chanson d'Avril*, ce plâtre, au Salon, cette année?

PIERRE.

Eh bien?

LE MODÈLE.

Eh bien, vous avez du talent... mais vous êtes un mufle!

Elle referme la porte et disparaît.

PIERRE.

J'aime mieux ça!

SCÈNE III

PIERRE, seul, travaillant toujours, en fredonnant.

>Lou segnour de l'acountrado
>Qu'es panard...
>> Il s'arrête et regarde le buste.

C'est égal, ce n'est pas encore ça, mais il y a de ça, seulement... Ah! elle est bien plus jolie!... Qui diable ça peut-il être?... Une jeune fille?... Trop d'aplomb... Une jeune femme?... Trop fine de formes... Quoi, alors?... Une... oh! non!... Ah! Et puis, qu'est-ce que ça me fait?

Il se remet au travail.

>Lou segnour de l'acountrado
>Qu'es panard émai gibous
>Fa parti...
>> On frappe.

Encore!... Entrez!

SCÈNE IV

PIERRE, travaillant toujours, COLTNER. Il a un gros paquet enveloppé dans une serge et le dépose sur la table.

PIERRE, sans se retourner.

Le tabac est dans l'armoire; bourre ta pipe et fiche-moi la paix!

COLTNER, riant bas.

Eh! èh! eh!

ACTE PREMIER

PIERRE.

Ah! c'est vous, Goldner? Je vous prenais pour Pégomas.., c'est égal, fichez-moi la paix tout de même !

COLTNER.

Alors, ça ne va pas comme vous voulez, monsieur Gardevent?

PIERRE.

Allons, bien! Gare devant, maintenant! Quatre Vents Gare devant!... Cardevent, là! Lisez le livret du Salon, que diable!... « Cardevent, Pierre, né au Caligou (Var), élève de Hugon, quatre expositions, pas de médaille, demeurant à Paris, rue d'Assas, 210 »; curieux immeuble, offrant cette particularité piquante d'être habité par dix-sept artistes, étudiants et hommes de lettres, tous d'origine plus ou moins provençale, ce qui l'a fait surnommer la Villa Médix-sept, ou plus familièrement la boîte-à-l'ail. Voilà! Et maintenant, père Coltner, qu'est-ce que vous venez encore me carotter dès l'aurore?

COLTNER.

Eh! eh! l'aurore... Il est onze heures.

PIERRE.

Déjà!

COLTNER, à part.

Il n'a plus sa montre! (Haut.) Onze heures passées...

PIERRE.

N'importe!... Ce n'est pas l'heure où un homme du monde comme vous fait ses visites... Allons! allons! vieille ficelle! qu'est-ce que vous me voulez? Voyons, déballez!... Vous êtes venu pour?...

COLTNER.

Mais d'abord pour vous apporter quelque chose que le concierge m'a dit de vous remettre... (Il lui donne un petit pain. Pierre le casse et le mange.) C'est votre premier déjeuner?

PIERRE.

Et même mon second.

COLTNER.

A eux deux, ils ne vous feront pas de mal, eh! eh! eh! (A part.) Il n'a plus d'argent!

PIERRE.

Et mon journal... on ne vous l'a pas donné?

COLTNER, feignant de chercher le journal, le tire de sa poche et le cache sous sa serge.

Non! Je crois pas... je ne l'ai pas... non!

PIERRE.

Pas de journal, c'est pourtant mon jour. Enfin, pour ce qu'il parle de moi! Mais déballez donc, voyons, Coltner... Vous êtes venu pour?...

COLTNER.

Mais, pour faire ma petite tournée dans la maison, comme d'habitude, vous savez bien... je suis père de famille, j'ai besoin de travailler... Et puis, j'ai ouvert une petite boutique... je vous ai pas dit, non?... rue de Provence... (Il lui tend une carte.) Tenez!... une boutique de bibelots, et, vous comprenez, le déménagement, la patente, les six mois d'avance, tout ça, c'est pas bon marché. Eh! eh! Et, alors, j'ai encore plus besoin de travailler... Voyons, vendez-moi quelque chose, monsieur Cardevent?

PIERRE.

Quoi?... Je vous ai tout vendu.

ACTE PREMIER

COLTNER.

Si, si ! J'ai presque fait rien, ce matin, dans la boîte à l'ail. Ah ! les artistes, aujourd'hui, ils gagnent trop d'argent.

PIERRE.

Qui donc ça ?

COLTNER.

Pas vous, non ! Les sculpteurs, ils sont encore de bons clients. Mais ce n'est plus tout de même comme autrefois, vous rappelez-vous, autrefois, le fils du député, M. Brascommié, l'étudiant qui me vendait, tous les étés, ses habits que je lui revendais tous les hivers. Eh ! eh ! Ah ! celui-là, c'était un bon client... et amusant ! Il faisait des vers, des chansons, il était drôle... Maintenant, il est juge...

PIERRE.

Oui.

COLTNER.

C'est pas la même chose !... Il est à Ardelès ?... Vous le voyez plus à Paris ?...

PIERRE.

De temps en temps, quand son père est ministre.

COLTNER.

Et l'autre ? Comment ? Ce joli garçon, le docteur ?...

PIERRE.

Saint-Marin.

COLTNER.

Oui, Saint-Marin, il est à Paris, lui, vous le voyez ? Oh ! il est à la mode, maintenant. On dit que c'est les femmes qui le poussent... Madame de Laversée... Eh! eh! il est joli garçon... et coquet... Il se teignait les yeux.

PIERRE.

Comment! Il s'éteignait?...

COLTNER.

Oui, il se... enfin, il se maquillait.

PIERRE.

Eh bien! Eh bien! vieux potinier!

COLTNER.

Ah! c'était un bon client tout de même. Il me vendait toujours des bijoux, des bagues... Ah! il n'était pas riche dans ce temps-là!... Vous souvenez-vous, quand il y avait un accident dans la rue, il se précipitait au milieu du monde, en criant : « Un médecin! Voilà un médecin!... » Pour avoir son nom dans le journal... On l'appelait le « médecin des chiens écrasés »... Maintenant il soigne les belles dames à tapage : Madame de Laversée, des actrices, des comtesses. C'est pas la même chose non plus... Vendez-moi donc quelque chose, monsieur Cardevent?

PIERRE.

Quel crampon!

COLTNER.

Je vous dis que j'ai fait rien ce matin, dans la maison. M. Pégomas, le journaliste, le président de votre société « la Tomate », eh bien, il m'a fermé la porte au nez; l'autre, ne m'a même pas ouvert, le vieux, votre ami, le peintre, M. Grigneux, Vernisecettout, qu'on l'appelle... Après ça, il m'a peut-être pas entendu!... Est-ce vrai qu'il prend tous les matins du... (Aspirant fortement l'H.) haschich?

ACTE PREMIER

PIERRE.

Dieu vous bénisse, vieille pie !

COLTNER.

Il n'y a que monsieur... comment vous l'appelez?... qui fait des pièces de comédie...

PIERRE.

Larvejol ?

COLTNER.

Oui, il m'a vendu un autographe de M. Ibsen, et un vieux pantalon... Et M. Caracel, le paysagiste, un complet... (Le lui montrant.) Voyez ! il est gentil ?... Tenez ! cinquante francs, voulez-vous ?

PIERRE.

Et de l'argent ?

COLTNER.

Les autres peintres, ils étaient tous partis pour savoir s'ils ont des récompenses.

PIERRE.

Ah ! oui, c'est aujourd'hui que le jury s'assemble.

COLTNER.

Et vous n'allez pas aussi, vous ?

PIERRE.

Pourquoi faire ?

COLTNER.

Vous croyez pas que votre statue aura la médaille ?

PIERRE.

Non.

COLTNER.

Moi, je crois pas non plus. C'est votre faute, aussi ! Vous faites pas de visites. Vous vivez comme un sauvage. Et puis, vous êtes pas gentil pour votre vieux Coltner, vous pensez jamais à lui... Au lieu de mettre votre montre au Mont-de-Piété, pourquoi que vous m'avez pas donné la préférence ? Non, c'est pas gentil !... Vendez-moi quelque chose ?

PIERRE, agacé.

Oh !

COLTNER.

N'importe quoi ! (Apercevant un paletot sur la chaise, il va le prendre.) Tenez ! ce paletot...? au mois de mai !... un paletot !... Oh !... dix francs !... Je vous donne une belle pièce d'or toute neuve ! C'est dit ! J'emporte !

PIERRE, le reprenant.

Voulez-vous bien !...

COLTNER.

Eh bien, autre chose !... Vous avez besoin aussi !... Votre maman arrive aujourd'hui.

PIERRE.

Qu'est-ce qui vous a dit ça ?

COLTNER.

Je sais. Elle vient tous les ans, le jour des récompenses.

PIERRE.

Pauvre femme ! Cela ne lui réussit guère.

COLTNER.

Il faudra bien la promener votre maman, la mener au spectacle, au restaurant...

ACTE PREMIER 11

PIERRE.

Si vous croyez que c'est avec vos dix francs que nous ferons des orgies pareilles.

COLTNER, songeur.

C'est vrai, il faudrait davantage, bien davantage, n'est-ce pas, monsieur Cardevent ? Mais, comment faire ?... Vous l'aimez bien votre maman... Je voudrais pourtant pas laisser un client dans l'embarras. Mais comment ?... (Avec un grand élan.) Monsieur Cardevent ?

PIERRE.

Quoi ? Qu'est-ce qui vous prend ?

COLTNER.

Voulez-vouz la vendre, votre statue ?

PIERRE.

Chanson d'Avril ?

COLTNER.

Oui !

PIERRE.

A vous ?

COLTNER.

Oui.

PIERRE.

Ah ! canaillasse !... C'est donc ça !

COLTNER.

Mais pas pour moi ! pas pour moi ! Pauvre diable !... Ah bien non ! Pas pour moi ! pour un Américain... très riche... pour sa galerie, il m'a ouvert un crédit, je peux l'acheter tout de suite, si vous êtes raisonnable... Et je paie comptant. Combien voulez-vous ? Là, tout de suite ?

PIERRE.

Oh! mais, laissez-moi le temps de me retourner...

COLTNER.

Non, ne vous retournez pas ! Non ! Tout de suite ! Dites-moi un prix tout de suite !... raisonnable !

PIERRE.

Dame, je ne sais pas, moi !... mes frais, et puis... Eh bien ! six mille !...

COLTNER.

Oh! monsieur Cardevent... raisonnable... Trois mille !...

PIERRE.

Jamais de la vie !

COLTNER.

Comment ! Trois mille !... Trente billets de cent francs ! C'est une affaire hors ligne... Pensez donc, elle est en plâtre !... Vous n'êtes pas connu ! Personne n'achètera... On sait pas où mettre ces grandes machines. Ni vous non plus, saurez pas où la mettre quand on la rapportera de l'Exposition... tandis que trois mille francs, on sait toujours où les mettre... Eh! eh! eh!

PIERRE.

Trois mille !... J'aimerais mieux la casser en morceaux.

COLTNER.

Oh! la casser ! (Énergiquement.) Monsieur Cardevent, je vais faire une folie... Tant pis pour l'Américain ! Trois mille cinq cents francs ! dernier prix ! Trente-cinq billets de cent francs !

PIERRE.

Non !

COLTNER.

Pensez donc à votre pauvre maman qui va être si contente de voir que vous gagnez tant d'argent.

PIERRE, à part.

Ah ! le brigand ! Il tient le joint ! (Haut.) Eh bien ?

COLTNER.

C'est dit ? Trois mille cinq cents ; je signe le chèque, et vous signez ces deux petits papiers, voyez ! c'est pas difficile.

PIERRE, à lui-même.

C'était tout prêt. Je suis refait... Enfin, peu vaut mieux que rien. (Haut.) Allons, où faut-il signer ?

COLTNER, lui désignant les endroits.

Là et puis là... mais vous direz pas le prix à personne.

PIERRE.

Soyez tranquille ! Il n'y a pas de quoi se vanter.

COLTNER, lui rendant les papiers.

Voilà ! un pour vous, un pour moi ! Voici votre chèque ! (A part.) Ça y est ! Et il n'a pas pensé à la reproduction, eh ! eh ! eh ! c'est un vrai artiste ! (Haut.) Tout est en règle ! (Rassemblant ses effets à la hâte.) Je suis un peu pressé, je fais mon paquet et je me sauve. Ah ! Eh bien, maintenant, vous êtes riche, vous achetez le complet ?

PIERRE.

De Caracel ?... Ma foi...

COLTNER, toujours faisant son paquet.

Oui, oui, je le laisse, soixante francs. Oh! vous me paierez quand vous voudrez!... Ah!... Et pour la statue, vous me donnerez bien une petite commission, hein?

PIERRE.

Oh! par exemple!

COLTNER.

Si, si! n'importe quoi!... un croquis, un petit maquette... ce que vous voudrez... tenez, ce que vous faites là, ce buste...

PIERRE.

Ah! non! Ça, c'est pour moi.

COLTNER, toujours faisant son paquet.

C'est qui donc, cette demoiselle?

PIERRE.

Ah! Coltner, si vous me le disiez, vous me feriez diablement plaisir.

COLTNER.

C'est de l'imagination, alors?

PIERRE.

Non, de mémoire.

COLTNER.

Jolie! Je connais cette figure.

PIERRE, vivement.

Vous! Qui est-ce? une jeune fille?

COLTNER.

Oui, mais je ne me rappelle pas qui.

PIERRE, pressant.

Dites-moi, Coltner, voyons...

COLTNER.

Plus tard! Je me sauve! J'ai pas le temps, je reviendrai... Et qui sait? j'apporterai peut-être une bonne nouvelle, pour la récompense ; qui sait ?

PIERRE.

Mais, cette jeune fille ?

COLTNER, en enlevant son paquet, découvre le journal qu'il avait mis dessous.

Tiens, votre journal ! Il était sous mes bibelots, j'avais pas vu ! Je me sauve ! Surtout, dites pas le prix !... Et n'oubliez pas la commission de votre vieux Coltner.

SCÈNE V

Les Mêmes, GRIGNEUX.

Grigneux entre. Pierre recouvre le buste d'un linge.

GRIGNEUX, regardant Coltner qui sort.

Ah ! ah ! vous voilà, vous, vieux malfaiteur !

COLTNER.

Malfaiteur, monsieur Grigneux, malfaiteur ! Je ne vous ai jamais rien acheté.

GRIGNEUX.

A moi, non... mais quand vous faites vos affaires...

COLTNER.

Ah! quand je fais mes affaires, je fais pas celle des autres, bien sûr. Eh! eh! eh! (En sortant, à lui-même.) C'est le haschich!

GRIGNEUX, à Pierre.

Il vous a travaillé, hein?

PIERRE, lui tendant le chèque.

Tenez! ma statue...

GRIGNEUX.

Trois mille cinq cents!... Ah! misère!

PIERRE.

Qu'est-ce que vous voulez? Je n'ai pas le sou... Je vous dois de l'argent...

GRIGNEUX, d'un ton de reproche.

Pierre!

PIERRE.

Oui, pardon. Et puis, enfin, ma mère arrive tout à l'heure, je ne veux pas qu'elle sache...

GRIGNEUX.

Je comprends. C'est moi qui vous demande pardon, mon enfant, mais, c'est égal, vous avez eu tort; je vous avais pourtant dit... Ah çà, vous n'avez donc pas lu le journal, ce matin?

PIERRE.

Non!... Coltner l'avait... Ah! le brigand! C'est donc ça...

GRIGNEUX.

Je ne sais pas quoi, mais ça doit être ça. (A Pierre, qui a été prendre le journal sur la table et le lit.) Eh bien?

ACTE PREMIER

PIERRE, tout en lisant.

Oui, oui, oh! parbleu! je comprends, maintenant. Ça aurait changé le prix... Oh! mais, c'est trop beau, cet article! Vous le connaissez?

GRIGNEUX, à part.

Comme si je l'avais fait! (Haut.) Et c'est le troisième, s'il vous plaît!... Si vous n'avez pas de médaille, après ça!... Il fallait attendre au moins jusqu'à ce soir!... Enfin, n'en parlons plus. Plaie d'argent n'est pas mortelle, vous aurez l'honneur.

PIERRE.

Si je l'ai encore!

GRIGNEUX.

Mais, puisque je vous dis que vous l'aurez!... Croyez-moi donc à la fin! Eh bien, oui, je suis un vieux bon à rien, je sais ça : sculpture, gravure, peinture, j'ai essayé de tout et je n'ai rien fait de bon que des copies, dont je vis, du reste. Quand je dis des copies, une copie, toujours la même, depuis vingt ans! *la Joconde*, spécialité de la maison, article exclusif, mille francs sans le cadre. J'ai livré mon dernier chef-d'œuvre, hier au soir, 25 mai, verni, sec et tout, comme m'ont surnommé les galopins d'ici. Oui, oui, je fais du fichu art, c'est entendu! mais je suis un artiste tout de même, allez!

PIERRE.

Parbleu! il n'y a qu'à vous entendre parler.

GRIGNEUX.

Oui, oh! parler, ça, c'est mon fort!... ou plutôt mon faible. Dans l'art parlé, je n'ai pas de rival. La critique, la technique, l'historique, l'esthétique. Ah! j'en ai soutenu des discussions là-dessus, j'en ai fait de l'éloquence! Méfiez-vous d'un artiste qui parle trop bien de son art, Pierre, il mange son fonds, il perd sa sève... Oui, oui, toutes les intelligences de l'art, je les ai, comme aussi toutes ses vertus, la conscience, la volonté, la foi même... Seulement... Ah! seulement, que voulez-vous? Il y a eu une fée qui n'a pas été invitée à mon baptême; je n'ai pas l'exécution, il ne me manque que cela... (Amèrement.) Que cela! comprenez-vous. (Riant.) Ah! ah! ah! je suis une sorte de prêtre, toujours en chaire et jamais à l'autel, un athlète sans bras, l'artiste-tronc, quoi! Ah! ah! c'est drôle, n'est-ce pas, mais c'est cruel aussi. (S'animant.) Mais, pensez donc! Concevoir une œuvre dans l'éblouissement d'une illusion délicieuse, la sentir, avec une émotion fière, remuer en vous, grandir en vous, vivre en vous et de vous, de votre chair, de votre sang, la voir enfin avec les yeux de la pensée, telle que vous l'avez vue avec les yeux du rêve, mais la voir à la toucher, si bien que l'irrésistible besoin vous prend de la montrer aux autres et de l'amener à la vie. L'enfanter, alors, dans l'effort, dans la douleur, dans la fièvre!... Et puis... et puis... Ah! ah! ah! quand tout est fini, la fièvre calmée, le sang-froid revenu, regarder avec stupeur l'être qui est sorti de vous, et ne plus le reconnaître, s'apercevoir qu'au cours du travail, et par une sorte d'ataxie créatrice, votre œil, votre main, rien de vous ne vous a obéi, et que votre âme, grosse d'un chef-d'œuvre, est accouchée d'un navet! Ah! ah! ah!

Il reste les yeux fixes, sans paroles.

PIERRE, le rappelant à lui.

Grigneux! Voyons, Grigneux!

GRIGNEUX, passant la main sur son front.

Qu'est-ce que je disais donc?... Enfin, n'importe! Assez d'éloquence! Je suis un vieux bavard. Après tout, *la Joconde* me nourrit... (Ironique.) Être nourri par les femmes, c'est encore joli à mon âge! (Avec révolte.) Eh bien, oui, mais le malheur, c'est que je suis un infécond à cervelle féconde, que mon impuissance n'a pas tué mes désirs, que mon métier me dégoûte et que j'adore mon art!... je suis rudement malheureux, allez!

PIERRE.

Mon pauvre ami!

GRIGNEUX.

Oui, votre ami, mon cher enfant, croyez-le!... Et c'est parce que j'aime l'art que je vous aime, que je suis votre âme seconde, que je casserais les cailloux de la route pour vous aplanir le chemin. C'est parce que vous êtes ce que j'aurais voulu être, que vous avez tout ce que je n'ai pas et que vous n'avez rien de ce que j'ai, que vous ne comprenez rien à ce que je dis, ni même à ce que vous faites... Eh! non... heureusement! Vous n'avez pas l'intelligence de l'art, vous, vous en avez l'instinct; vous ne comprenez pas, vous rendez, vous ne voulez pas, vous obéissez, vous ne bavardez pas, vous créez! Et puis aussi, je vous aime, parce que vous êtes un brave garçon, loyal et simple, qui ne faites, pour arriver, aucune des fumisteries auxquelles se livrent les jeunes « fin de siècle », en général, et vos camarades de la Boîte-à-l'ail, en particulier; et qu'enfin, votre cœur viril et sain n'a jamais connu que de viriles et saines amours : votre art et votre mère!... Tenez, voyez-vous? encore de l'éloquence! Toujours! Laissons cela! Vous attendez madame Cardevent ce matin et vous avez de l'argent à toucher?

PIERRE, joyeux.

Trois mille cinq cents francs; c'est pourtant vrai!

GRIGNEUX.

Eh bien, habillez-vous et allez à vos affaires!... Vite, avant qu'elle arrive, habillez-vous!

PIERRE.

M'habiller ! m'habiller !... (Il aperçoit les vêtements.) Ah ! au fait, le complet de Caracel ! Décidément, Coltner n'en ratera pas une ! Je passe dans l'autre atelier une minute... vous permettez, n'est-ce pas ?

Il prend les vêtements et passe dans la chambre, à droite, en laissant la porte ouverte.

GRIGNEUX.

Faites ! Faites !... (A lui-même.) Un brave cœur et un grand talent... Mieux que du talent... (Il aperçoit le buste, et porte la main sur le linge.) Ah ! du nouveau !

PIERRE, derrière le rideau.

Dites donc, Grigneux ?

GRIGNEUX.

Quoi ?

PIERRE.

Je ne serai pas longtemps absent, mais enfin, au cas où ma mère arriverait avant moi, voudriez-vous rester ici et la prier de m'attendre ?

GRIGNEUX.

Convenu !... (Il découvre le buste et le regardant avec une sorte de surprise effrayée.) Qu'est-ce que c'est que ça ?

PIERRE.

Quoi donc ?

GRIGNEUX.

Cette... ce buste ?

PIERRE, rentrant en scène habillé.

Ah ! ah ! il vous tire l'œil ? Jolie... hein ?

ACTE PREMIER

GRIGNEUX, songeur.

Oui, je connais cette beauté-là !

PIERRE.

Ah çà... il n'y a donc que moi qui ne la connais pas !

GRIGNEUX.

Oh ! ce n'est pas la même femme... Il y a plus de vingt ans que l'autre... Enfin, qui est-ce ?

PIERRE.

Je n'en sais rien. Pour moi, ce n'est qu'un souvenir, mais charmant. Regardez bien cette jeune fille, mon ami, je ne la connais pas, elle ne me connaît pas, eh bien, je lui dois une des plus grandes joies de ma vie. Et ce n'est pas vieux ! De cette année, au vernissage... oui, j'étais dans un coin du jardin, à la sculpture, bien entendu, caché, regardant d'un peu loin ma pauvre statue délaissée, écoutant le tumulte que faisait la foule autour des autres, guettant, le cœur gros, les rares visiteurs qui, un par un, deux par deux, passaient, passaient toujours devant la mienne sans s'arrêter jamais, et je me disais : Allons, ce n'est pas encore pour cette fois-ci, mon garçon ; décidément, tu n'es pas de force, il fallait rester maçon comme ton père... Et puis enfin, bien d'autres choses encore. Ah ! je n'étais pas à la noce, allez ! Tout à coup arrive une jeune fille, une grande belle fille, les cheveux ardents, les yeux lumineux, la voix chaude, le rire clair, le geste prompt, dans tout l'ensoleillement de sa jeunesse... (Montrant le buste.) Enfin, celle-ci... Elle arrive là comme une trombe, traînant derrière elle un tas de gens du monde, d'artistes, de femmes, un tas... et, dans un grand fracas de paroles, de rires et de froufrous de jupes, elle va droit à mon plâtre, se campe devant et, se retournant devant les autres, leur crie : « *Chanson d'Avril*, voilà ! Eh bien, moi, je lui donne la grande médaille !... » Ah ! mon vieux Grigneux... l'effet que ça m'a fait!... la remontée que ça m'a donné!... Il m'a pris une envie folle de me jeter à ses pieds... de baiser le bas de sa robe... de... est-ce que je sais?... Et puis, subitement, une peur m'est venue, mais une peur bleue d'entendre ce qu'allaient dire les autres, leurs objections, leurs critiques, et je me suis sauvé comme un voleur, emportant intact mon joli souvenir, et avec lui mes espérances redorées et un courage tout battant neuf... Ah! par exemple, en voilà une qui peut se vanter d'avoir fait ce jour-là une fière charité sans le savoir!

GRIGNEUX, qui l'a regardé attentivement.

Regardez-moi donc! Vous n'êtes pas amoureux toujours?

PIERRE.

Moi... Je l'ai vue deux minutes.

GRIGNEUX.

Prenez garde!

PIERRE.

Et je ne la reverrai jamais.

GRIGNEUX.

Ah! c'est que, voyez-vous, mon enfant, l'usurier, c'est terrible... mais la femme, c'est pire!

PIERRE.

Oui, vous ne les aimez pas, c'est connu!... eh bien, ni moi non plus, soyez tranquille... Je m'en vais... Vous gardez la maison?

GRIGNEUX.

C'est dit!...

Il s'étend sur le divan. — On entend parler et rire au dehors.

PIERRE.

Allons, quoi encore ?... Je file par l'autre atelier... Mais mon chapeau ? (Pégomas paraît au fond.) Ah ! Pégomas !

SCÈNE VI

Les Mêmes, PÉGOMAS, LARVEJOL, CARACEL, BRASCOMMIÉ.

PÉGOMAS, entrant, à Pierre.

Tu ne l'as pas vu non plus, toi, Saint-Marin ?

PIERRE.

Non.

PÉGOMAS.

Ah ! ce coquin ! toujours en retard !... Devine qui nous t'amenons ?

LARVEJOL et CARACEL démasquent, en entrant, Brascommié, et se rangent de chaque côté de la porte. Ils annoncent :

La Cour, messieurs !

Brascommié entre. A partir de ce moment, Pégomas se promène de long en large au fond du théâtre, tirant sa montre, ouvrant la porte pour regarder à la cantonade ; enfin, donnant tous les signes d'une attente impatiente. Il ne fait que jeter un mot dans la conversation, sans discontinuer sa marche, jusqu'à sa première grande tirade.

PIERRE.

Brascommié ! Tiens !...

BRASCOMMIÉ.

Té Cardevent ! Eh ben ! se fai ges pas du brassado ?

Ils s'embrassent.

PIERRE.

Ah! ce vieux magistrat!... Je suis content de te voir, et fier de vous recevoir, moussou le juge. (Il cherche autour de lui.) Où ai-je fourré mon chapeau?

BRASCOMMIÉ.

Comment! Tu t'en vas?

PIERRE.

Oh! une course pressée... je reviens tout de suite.

BRASCOMMIÉ.

Et tu appelles ça me recevoir, toi! (Apercevant Grigneux couché sur le divan.) Ah! le père Grigneux! Tiens, il dort!

CARACEL, à Pierre.

Ah çà! mais c'est mon complet, ça?

PIERRE.

Oui, combien Coltner te l'a-t-il acheté?

CARACEL.

Vingt francs. Et combien te l'a-t-il vendu?

PIERRE.

Soixante!...

Rires. — Pierre trouve son chapeau, le prend et s'esquive.

BRASCOMMIÉ, riant.

Ah! le vieux filou! Rien n'est donc changé, ici. Dis donc, Pégomas, et « la Tomate », nôtre société du coup d'épaule mutuel, nôtre syndicat des intérêts latins, artistiques et littéraires, vit-elle toujours?

PÉGOMAS.

Toujours!

BRASCOMMIÉ.

Tu es toujours notre président ?

PÉGOMAS.

Toujours !

BRASCOMMIÉ.

Et notre dîner continue-t-il à ne pas avoir lieu tous les mois, faute d'argent ?

CARACEL.

Tous les mois ! Exactement !

BRASCOMMIÉ, riant.

Ah ! ah ! ils sont amusants ! Ah ! mes enfants, que c'est donc bon, après deux ans d'Ardelès, de se retrouver ici, sans sa robe !... et de pouvoir ôter son corset !

LARVEJOL.

Et depuis quand es-tu à Paris ?

BRASCOMMIÉ.

Depuis lundi, depuis que papa est redevenu ministre.

LARVEJOL.

Et tu y resteras longtemps ?

BRASCOMMIÉ.

Aussi longtemps qu'il restera ministre... La première fois, il n'a fait que ses vingt-huit jours, mais j'étais avocat, il m'avait pris comme secrétaire et, avant d'être dégommé, il m'a fait nommer suppléant; cette fois-ci, il m'a pris comme secrétaire, et, avant d'être dégommé, il me fera nommer substitut.

CARACEL.

Veinard !

LARVEJOL.

Fils à papa !

BRASCOMMIÉ.

Tiens, c'est bien le moins qu'un homme qui s'est donné le plaisir de faire quelqu'un se donne la peine d'en faire quelque chose.

TOUS, riant.

Ah ! ah ! ce Brascommié !

LARVEJOL.

Fais-tu toujours de la poésie ?

BRASCOMMIÉ, protestant.

Un magistrat... Oh !

CARACEL.

Te rappelles-tu ton volume de vers ?

BRASCOMMIÉ.

Chut !

CARACEL.

Quand tu étais étudiant.

LARVEJOL.

« Codes et Ballades ».

BRASCOMMIÉ.

Voyons, messieurs...

CARACEL.

Et « la véritable Complainte du pauvre Esculpteur ? »

LARVEJOL ET CARACEL, ensemble.

Ah ! quel malheur !...

CARACEL.

D'être esculpteur !

Ils rient.

BRASCOMMIÉ.

Mais, taisez-vous donc ! Si mon président vous entendait... Et vous autres, voyons, qu'est-ce que vous faites ?... Caracel, toujours de la bonne peinture ?

CARACEL.

Non, j'en fais de la mauvaise, à présent.

BRASCOMMIÉ.

Comment ! au lieu de faire mieux ?...

CARACEL.

En art, il ne s'agit pas de faire mieux, il s'agit de faire autrement. Avec ma bonne peinture j'arrivais à la seconde médaille, en dix ans, et je finissais à la sonnette des marchands de tableaux. C'est le vieux jeu, ça, merci ! Je me suis mis à peindre des horreurs et j'ai fondé une société.

BRASCOMMIÉ.

Encore une ?

CARACEL.

Parfaitement, « les Apartistes » ! Nous avons notre exposition dans les ruines de la Cour des comptes. Un très joli chalet que nous y avons bâti, avec une subvention des Beaux-Arts.

GRIGNEUX, *grognant*.

Et ils appellent ça les « Beaux-Arts » !

CARACEL.

Nous sommes vingt là dedans. Chacun a envoyé douze

toiles, total : deux cent quarante abominations !... Tu verras les miennes, je ne te dis que ça !

BRASCOMMIÉ.

Mais le succès, alors ?

CARACEL.

Immense ! Entendez-vous, Grigneux ?

GRIGNEUX.

Parbleu ! dans ce pays de détraqués, il n'y a plus d'enthousiasme que pour l'insanité.

BRASCOMMIÉ.

La Presse a donc été bonne ?

CARACEL.

Une mère ! Depuis l'ouverture, elle n'a pas laissé passer un seul jour sans nous tomber dessus. Ah ! mais là, dans les grands prix. Elle nous appelle : boueux, saligauds, Les Villettistes ! Et notre petit bâtiment, donc ! « Chalet de nécessité ». Enfin, une mère, quoi ! C'est une réclame énorme ! Il n'y en a que pour nous, c'est-à-dire pour moi, comme chef d'école, tu comprends si j'écope ! Il y a même des compliments ! (Il tire des journaux de sa poche et les lit.) Tiens, aujourd'hui : « Quel dommage que M. Caracel salisse un si beau talent ! » Jamais on n'avait parlé de mon talent quand je faisais bien. Et encore ! Caracel ! Ah ! non, ça, c'est Géraudel. Mais là, Caracel, quatre colonnes ! Caracel partout ! Caracel toujours ! Encore un éreintement comme ça et je suis décoré ! C'est pourtant Pégomas qui a eu cette idée-là !... n'est-ce pas, Pégo ?

PÉGOMAS.

Tout pour la « Tomate ! (A lui-même.) Si Saint-Martin ne vient pas, je vais le trouver.

BRASCOMMIÉ, à Larvejol.

Eh bien, alors, tu dois avoir un fier succès, aussi, toi, Larvejol, tu es assez moderne.

LARVEJOL.

Pas encore assez, il paraît; ça ne va pas!... Au fait, tu as reçu mon dernier roman : *Vierge et Nourrice?*...

BRASCOMMIÉ.

Oui, et même à te parler franchement, si j'avais été du parquet de Paris, tu aurais fait un joli tour en police correctionnelle, toi !

LARVEJOL, naïvement.

Voyons, Brascommié, n'est-ce pas que ça valait ça?

BRASCOMMIÉ.

Et même un peu de prison.

LARVEJOL.

Ah! je n'espérais pas tant, mais enfin je comptais au moins être poursuivi. L'éditeur avait tiré en conséquence, quinze mille... tout de suite... Et on ne m'a pas même saisi... Tu comprends le bouillon! Pas même saisi!... C'est dégoûtant, nous ne sommes pas gouvernés! Mais je me rattraperai au théâtre... Dites donc, Grigneux, mon drame est reçu !

GRIGNEUX.

Chez Bodinier?

LARVEJOL.

A l'Odéon !

GRIGNEUX.

C'est donc en vers?

LARVEJOL.

Non, en prose... Vous verrez ça à la rentrée.

GRIGNEUX.

Et ça s'appelle?

LARVEJOL.

Enceinte!

CARACEL.

Encore une trouvaille de Pégomas!

PÉGOMAS.

Tout pour « la Tomate », je vous dis!

LARVEJOL.

Le directeur faisait des façons pour le prendre, mais à nous deux Pégo, nous l'avons tant travaillé dans nos feuilles...

BRASCOMMIÉ.

Tu es donc aussi journaliste, à présent?

LARVEJOL.

A présent, tout le monde est journaliste, comme tout le monde est soldat!... Ça permet...

BRASCOMMIÉ.

Ça permet de dire du bien de ses pièces!

GRIGNEUX.

Et du mal de celles des autres.

LARVEJOL.

Mais, certainement! Recevoir des coups sans les rendre... ah! mais non! Pas si poète! Il faut réussir, d'abord; n'est-ce pas, Claudius?

GRIGNEUX.

Il faut travailler d'abord, galopins!... Commencez par avoir du talent, et vous aurez du succès.

<small>Protestations vives.</small>

PÉGOMAS, d'une voix forte, dominant le bruit et prenant la scène.

N'écoutez pas ce vieux buveur de songes! Commencez par avoir du succès, et il y aura toujours des imbéciles qui vous trouveront du talent.

CARACEL.

Oui! oui!

LARVEJOL.

Très bien, Claudius!

BRASCOMMIÉ.

Miséricorde! Et le Beau? Et l'Art? Et le Goût? Tous vos dieux d'autrefois?

CARACEL, raillant.

Oh!... autrefois!... les dieux!...

LARVEJOL.

Ah! ce farceur de Brascommié!...

<small>Il lui tape sur le ventre.</small>

PÉGOMAS.

Ah! que tu nous arrives bien d'Ardelès, toi, par exemple!... Mais, mon bon juge, le Beau n'est qu'une convention, l'Art, la représentation de cette convention, et le Goût, l'habitude de cette convention... qui change comme tout au monde, entends-tu?... Eh bien, elle a changé : l'Art était aristocratique hier, il est démocratique aujourd'hui, et, par conséquent, soumis au suffrage universel et à ses bassesses nécessaires.

BRASCOMMIÉ.

L'art est aristocratique ou il n'est pas!

GRIGNEUX.

Il ne fait pas de concessions, il en impose!

PÉGOMAS.

Oui, oui! le sacerdoce, n'est-ce pas? Assez de sonorités! S'agit-il de réussir, oui ou non?

BRASCOMMIÉ.

Oui, mais...

PÉGOMAS, très animé.

Mais, mais... tu ne vois donc pas que toutes les ambitions sont permises à tous, maintenant? Que le nombre a cent mille fois centuplé les difficultés du succès maintenant? Et tu te figures que dans cette mélée formidable, dans cet assourdissant tintamarre des intérêts et des convoitises, on va entendre ton solo de galoubet, hein? Tu veux jouer les premiers rôles dans cette baraque de saltimbanques de la gloire, assiégée par tout un peuple, et tu crois bonnement que pour y entrer, il suffira à ton talent de faire passer sa carte, hein? Tiens, tu me fais rire! Si tu es fort, brise la porte, si tu es malin, trouve l'entrée des artistes, mais si tu n'es ni assez l'un ni assez l'autre, fais comme tout le monde: joue des coudes et de la trique jusqu'à l'estrade des musiciens, et une fois là-dessus, face au public, refais-lui tous les boniments et sonne-lui tous les cuivres de la parade: la réclame qui l'amuse, le scandale qui l'allume, l'obscénité qui le raccroche. Et en avant la grosse caisse, le succès purifie tout!

LARVEJOL, CARACEL.

Bravo! bravo!

PÉGOMAS.

C'est, du moins, l'opinion de la majorité des Français, sans compter celle de la « Tomate ».

GRIGNEUX.

Pas celle de Pierre, toujours.

PÉGOMAS.

Aussi, jusqu'à présent...

GRIGNEUX.

Mais il a l'avenir.

PÉGOMAS.

Ah ! la postérité maintenant ! Je l'attendais. (s'animant de plus en plus.) La postérité ! Comment? Je crève de toutes les faims légitimes et féroces de la vingtième année, je sue le sang et l'eau sur le chemin banal qui me mène à les satisfaire, et quand je veux prendre une traverse qui le raccourcit, vous me criez : « Pas par là ! toujours tout droit ! Continuez, bel Arsène, après votre mort, vous aurez diablement de plaisir. » Allons donc ! C'est tout de suite que j'en veux avoir ! Et c'est à mon métier de m'en fournir le moyen. Et c'est bien pour cela qu'en débarquant du Caligou où j'étais pion, dès en arrivant à Paris, le ventre creux, la bourse plate, je me suis jeté dans le journalisme qui est l'instantané par excellence qui, d'un coup de plume vous donne une puissance et le pain quotidien, où les plus infimes peuvent rendre aux plus forts les plus grands services et réciproquement, comme on dit à l'École polytechnique... Aussi, dès qu'on m'aura rendu celui que j'attends et Saint-Marin va me l'apprendre pas plus tard que tout à l'heure... (A lui-même.) Il ne vient toujours pas, ce coquin ! (Haut.) Ah ! vous verrez bien si je ne lâche pas mon sacerdoce pour passer à d'autres exercices... Un métier n'est pas un but !

GRIGNEUX.

Non, c'est l'art qui n'a pas d'autre but que l'art!

TOUS, riant.

Pas d'autre but! Ah! le vieux vernisecettout!

CARACEL.

Eh bien, et le ruban rouge?

LARVEJOL.

Et l'habit vert?

PÉGOMAS.

Et la forte somme, hein? (Tous rient.) Allons donc! votre art n'est qu'un tremplin comme un autre!

LARVEJOL.

Oui, oui, il a raison.

CARACEL.

Bravo, Claudius!

Ensemble.

GRIGNEUX.

Tenez... vous n'êtes que des cabotins!...

Protestations et rires.

SCÈNE VII

Les Mêmes, Un Domestique.

LE DOMESTIQUE.

Pardon, messieurs, monsieur le docteur Saint-Marin n'est pas ici?

PÉGOMAS.

Non, mais je l'attends impatiemment.

LE DOMESTIQUE.

Auriez-vous l'obligeance de lui dire de se rendre le plus tôt possible chez la baronne Lunati et chez madame Raynard du Théâtre-Français ?

PÉGOMAS.

Bien !

LE DOMESTIQUE.

Merci, messieurs. Pardon, messieurs. Serviteur, messieurs.

Il sort.

SCÈNE VIII

LES MÊMES, moins LE DOMESTIQUE.

TOUS, riant.

Ah ! ah ! ah !

CARACEL.

Ce Saint-Marin... Quelle potence !

LARVEJOL.

Le coup du domestique !... la réclame à domicile !

CARACEL.

En voilà un qui comprend son sacerdoce.

LARVEJOL.

Ah ! il arrivera, celui-là !

CARACEL.

Il a les femmes !

LARVEJOL.

Et la manière de s'en servir.

PÉGOMAS.

Messieurs, messieurs, il est de « la Tomate ». Il est sacré ! Et doublement, car j'en attends, en ce moment même, un immense service... Et avec quelle impatience ! vous le voyez !... je bous ! je bous !

BRASCOMMIÉ.

Mais quel service ?

PÉGOMAS.

S'il tient sa promesse, et il me doit bien ça, j'entre comme secrétaire chez les Laversée.

LARVEJOL.

Chez les Laversée ?

CARACEL.

La maison des artistes... la succursale du ministère des Beaux-Arts !... mais c'est le gros lot !

BRASCOMMIÉ.

Madame de Laversée, la fille de feu madame Pélissac, la grande pastelliste du second Empire, est très influente.

CARACEL.

Et jolie !...

LARVEJOL.

Oui, seulement, par là, rien à faire... il y a Saint-Marin... la place est prise.

CARACEL.

Et la femme donc !

PÉGOMAS.

Peuh ! Ce n'est pas sur la femme que je compte.

CARACEL.

Sur le mari, alors ?

PÉGOMAS.

Non : un modeste profiteur qui trait ses invités, les artistes, pour écrire avec ce qu'ils lui disent des volumes d'esthétique brumeuse et s'asseoir plus tard à l'Institut sur le fauteuil de feu son oncle...

BRASCOMMIÉ.

Oui, mais le neveu de cet oncle-là ! de l'immense Laversée, en son vivant poète et fonctionnaire, fonctionnaire arrivé par la poésie, poète arrivé par les bureaux, et mort en 1887, académicien, député...

LARVEJOL.

Président de toutes les associations,...

BRASCOMMIÉ.

Membre de tous les jurys,...

CARACEL.

Grand'croix de la Légion d'honneur,...

PÉGOMAS.

Et ministre des Beaux-Arts, arts politiques... c'est sur celui-là que je compte.

LARVEJOL.

Sur le mort ?

PÉGOMAS.

Parfaitement !

LARVEJOL.

Tu es fou !

PÉGOMAS.

Non, c'est toi qui es bête ! Ah ! tu ne sais pas ce qu'on peut faire avec un mort, toi... ni Laversée non plus !... Eh bien, qu'il me nomme son secrétaire, et vous le verrez tous les deux.

SCÈNE IX

Les Mêmes, SAINT-MARIN.

TOUS.

Ah ! Saint-Marin !

PÉGOMAS, allant à lui.

Enfin !

CARACEL, l'admirant.

Est-il bien mis ?

LARVEJOL, le flairant.

Et ce qu'il sent bon !

PÉGOMAS.

Comme tu viens tard !

SAINT-MARIN, à Pégomas.

Et encore, sans mademoiselle Desclaux, du Vaudeville, qui m'a prêté sa voiture...

BRASCOMMIÉ.

Toujours les femmes, donc ?

SAINT-MARIN.

Tiens, Brascommié !

PÉGOMAS.

Dis-moi, dis-moi ?...

SAINT-MARIN, à Brascommié.

A Paris pour longtemps ?

BRASCOMMIÉ.

Je l'espère. Et toujours joli garçon, toi... quoique... Eh ! eh ! tu as un peu changé... c'est dommage !

SAINT-MARIN.

Tu n'as pas changé, toi... c'est dommage aussi !

Rires.

PÉGOMAS, à Saint-Marin.

Allons, allons... les choses sérieuses... Mes affaires ?

SAINT-MARIN.

Les miennes d'abord !... Mes entrefilets ?

PÉGOMAS, lui tendant un papier.

Ils passeront ce soir... Lis vite ; je bous !

SAINT-MARIN, lisant.

« Hier, soirée Laversée... somptueux hôtel... artistes, gens du monde... double élément... fusion heureuse. Reconnu au hasard : le député Lovel, le Warwick des ministères, La Divette, Hugon, de l'Institut, Coquelin cadet, baronne Lunati, le peintre Morton, neveu de la ministresse du Nicaraguay, toujours éprouvée par une cruelle maladie. »

(A lui-même.) Une névrose que je guette, celle-là ! (Lisant en bredouillant.) Ta, ta, ta !... « Et le savant docteur Saint-Marin, futur membre de l'Académie de médecine. » — Parfait ! (A Pégomas.) Et l'autre, pour le général de Calouget ?

PÉGOMAS, lisant.

« Situation toujours très grave... L'éminent moribond...

SAINT-MARIN, lui prenant le papier.

Oh ! non !... Sa belle-sœur donne son garden-party demain, il faudrait tout décommander... Mets simplement : « Situation toujours la même, plutôt meilleure. »

PÉGOMAS.

Signé : docteur Saint-Marin et ?...

SAINT-MARIN.

Toullier... J'ai fait appeler celui-là, parce que...

PÉGOMAS, riant.

Parce qu'il est de l'Académie de médecine, parbleu !

SAINT-MARIN, de même.

Là ! Et maintenant à nous deux !

SCÈNE X

Les Mêmes, PIERRE.

SAINT-MARIN.

Ah ! Pierre !... arrive ici, tu n'es pas de trop... (Aux autres.) Ni vous non plus !... Il y en a pour tout le monde.

ACTE PREMIER

PÉGOMAS, hors de lui.

Mais, à la fin, suis-je le secrétaire de Laversée, oui ou non ?

SAINT-MARIN.

Oui ! (Pégomas l'embrasse violemment. Saint-Marin se dégageant :) et non !

PÉGOMAS.

Comment, non ?

SAINT-MARIN.

Je veux dire qu'auparavant, il veut te voir.

PÉGOMAS, se précipitant.

J'y vais !

SAINT-MARIN.

Inutile !... Il va venir.

PIERRE.

Ici ?

SAINT-MARIN.

Tout à l'heure.

PIERRE.

M. de Laversée ?

SAINT-MARIN.

Et madame de Laversée ?

Explosion générale. On entoure Saint-Marin.

TOUS.

Madame de Laversée dans la boîte-à-l'ail ! Vive Saint-Marin !... Vive notre bienfaiteur !

SAINT-MARIN, se défendant.

Voyons ! messieurs ! messieurs !

GRIGNEUX.

Ils vont le chiffonner !

PÉGOMAS.

Madame de Laversée visitant « la Tomate » !... Mais, il y a un article à faire.

Il va à la table et écrit.

LARVEJOL.

Mais enfin, comment ?... pourquoi ?

SAINT-MARIN.

Parce que je lui ai parlé de « la Tomate »... que votre exposition a fait du tapage, et que, surtout, elle veut connaître Pierre.

PIERRE.

Moi !... mais je n'ai pas fait de tapage... ni mon exposition non plus !

SAINT-MARIN.

Alors, c'est qu'elle en fera et toi aussi !... Oh ! elle n'est pas femme à se déranger pour rien.

PIERRE.

Eh ! qu'est-ce qu'elle me veut ?... Elle m'ennuie !

CARACEL.

Quel ours !

SAINT-MARIN, tirant sa montre.

Midi et demi !... Et moi qui ai justement rendez-vous avec elle au Palais de l'Industrie, pour les récompenses...

Ah ! avant de vous quitter, quelques recommandations préalables.

TOUS.

Oui, notre bienfaiteur !

SAINT-MARIN.

Si elle vous invite, et elle vous invitera certainement.

TOUS.

Oui, notre bienfaiteur !

SAINT-MARIN.

Voyons, pas de scie, hein ? Une fois chez elle... Primo : avoir de la tenue...

CARACEL.

Comment, de la tenue ?

LARVEJOL.

Je croyais que c'était une maison un peu...

SAINT-MARIN.

Un peu... certainement... et même quelquefois davantage... mais, enfin, il ne faudrait pourtant pas dépasser les bornes de... d'une honnête...

LARVEJOL.

D'une honnête indécence.

SAINT-MARIN.

Secundo : Se bien garder de faire à madame de Laversée l'éloge de feu l'immense poète Laversée, oncle de son mari, ni à M. de Laversée, celui de feue l'immense pastelliste, madame Pelissac, mère de sa femme. Vous comprenez ?

PÉGOMAS.

Oui, la concurrence!

LARVEJOL.

Ils se crêpent le chignon à coups d'ancêtres!

SAINT-MARIN.

Et tertio, très important : Ne pas faire la cour à Valentine.

GRIGNEUX, avec un sursaut.

Valentine!

PÉGOMAS.

Ah! oui! la mauvaise action du grand Laversée.

SAINT-MARIN.

Non, la bonne, il paraît... la fille d'un artiste, une orpheline, que sa mère avait léguée au vieux Laversée, alors ministre des Beaux-Arts... du moins, voilà ce qu'on raconte. Le fait est qu'il l'avait fait élever, et que lorsqu'il est mort à son tour, madame de Laversée l'a prise chez elle, sous prétexte qu'elle en raffolait. Seulement, comme il y a cinq ans de cela, et que Valentine avait quinze ans, elle en a vingt, et elle est jolie, et madame de Laversée qui est jolie aussi, mais qui en avait vingt-sept, en a... enfin, davantage... alors, vous comprenez?...

PÉGOMAS.

Autre concurrence!

SAINT-MARIN.

Une jalousie corse!... Et voilà pourquoi il ne faut pas faire la cour à Valentine.

LARVEJOL.

Mais on ne fait que cela, il paraît; elle ne demande que ça, l'enfant.

SAINT-MARIN.

Oui, elle s'amuse à braver l'autre... à jouer avec le feu... Oh! elle finira mal!...

CARACEL.

On dit même qu'elle a commencé.

SAINT-MARIN.

Ah! l'histoire du petit Méximieux, le peintre qui a filé au Japon. On en dit bien d'autres... Vous comprenez... une jolie fille... pauvre, déclassée.. c'est le potin forcé, ça, surtout quand on y prête, comme elle, par toutes les extravagances... En tout cas, si elle doit finir mal, j'aime mieux que ce soit...

LARVEJOL.

Avec toi!

BRASCOMMIÉ, riant.

Ah! malin, va!

CARACEL, riant.

Vieux bienfaiteur!

SAINT-MARIN.

Enfin, vous voilà prévenus, si vous ne voulez pas la faire mettre à la porte et vous aussi... (Apercevant le buste.) Hein?

LARVEJOL.

Quoi donc?

SAINT-MARIN, désignant le buste.

Mais c'est elle, c'est Valentine!

TOUS.

Valentine!

CARACEL.

Tiens, tiens, ce Pierre!

LARVEJOL.

Ah! sondeur!

BRASCOMMIÉ.

Et tu disais que tu ne connais pas les Laversée, toi?

PIERRE, énervé.

Pas plus que cette... demoiselle.

LARVEJOL.

Enfin, tu l'as vue, n'importe où?

PIERRE.

Je n'y vais jamais!

SAINT-MARIN.

Ah! au vernissage!... Elle y était!

PIERRE, montrant le buste.

Pas celle-là!

SAINT-MARIN.

Alors, c'est extraordinaire!... mais c'est elle tout de même!... (Regardant à sa montre.) Une heure moins le quart... Et mon rendez-vous pour les médailles?... Vite! vite! la voiture de mademoiselle Desclaux a quatre places... Qui vient avec moi?

PÉGOMAS.

Moi... pour voir le patron!

BRASCOMMIÉ.

Moi aussi... Secrétaire de papa... rien à faire!

CARACEL.

Je ne peux pas... Pierre a mon complet.

LARVEJOL.

Moi non plus... j'ai un article à faire sur l'Odéon !

SAINT-MARIN.

Tu vas encore l'éreinter ?

LARVEJOL.

Maintenant qu'il a ma pièce, au contraire !

Il sort par le fond.

SAINT-MARIN, à Pierre.

Ah ! tu connais Valentine ?... Allons, à tout à l'heure !

Ils sortent.

SCÈNE XI

GRIGNEUX, PIERRE. *Il recouvre le buste d'un linge.*

GRIGNEUX, le regardant faire.

Pierre !

PIERRE, riant nerveusement.

Eh bien, dites donc ? Il est joli, mon souvenir ! Le petit Méximieux... et bien d'autres... Ah ! cette jeune fille ! Ah ! ah !

GRIGNEUX, secouant la tête.

Ah ! vous êtes en train de l'aimer !

PIERRE.

Elle! Et maintenant que je la connais! Ah!

GRIGNEUX.

Vous souffrez, pourtant?

PIERRE.

Non, mais... (Découvrant le buste à moitié et le regardant.) Avouez que c'est dommage... Valentine!...

GRIGNEUX, à lui-même.

Oui, Valentine aussi... (Haut.) Méfiez-vous de ce nom-là, Pierre.

PIERRE recouvre le buste.

Soyez tranquille... N, i, ni, c'est fini!

Madame Cardevent entre.

SCÈNE XII

Les Mêmes, MADAME CARDEVENT. Elle a un panier.

MADAME CARDEVENT, entrant.

Pierre!

PIERRE.

Maman!... Enfin, te voilà donc! Embrasse-moi bien!

Il l'embrasse.

MADAME CARDEVENT.

Mon fils!

ACTE PREMIER

PIERRE, très ému.

Mais que je suis content de te voir! (Il lui prend le panier et va le poser sur la table.) Donne-moi tout cela!... Et que tu arrives bien! Embrasse-moi encore! Encore!

Il l'embrasse.

MADAME CARDEVENT, étonnée.

Qu'est-ce que tu as?

GRIGNEUX, s'avançant.

Vous allez bien, madame?

MADAME CARDEVENT, apercevant Grigneux.

Ah! monsieur Grigneux, merci!... Pourvu que vous en fassiez de même... vous êtes bien honnête.

GRIGNEUX.

Je vous laisse.

MADAME CARDEVENT.

Restez donc! Vous êtes comme de la famille, vous.

GRIGNEUX.

Non, non, vous avez besoin d'être seuls. Je reviendrai tout à l'heure et, j'espère, avec une bonne nouvelle. (Regardant Pierre.) Pauvre garçon!

Il sort.

SCÈNE XIII

PIERRE, MADAME CARDEVENT.

PIERRE.

Tu as fait un bon voyage? Tes malles sont à l'hôtel?... Comme tu me regardes.

MADAME CARDEVENT.

C'est bien le moins, depuis le temps que je ne t'ai vu... onze mois!

PIERRE.

Et deux jours! Ah! j'ai compté aussi, moi... Ah! chère vieille, es-tu gentille avec ton couiffo!... Encore!... que je suis content de te revoir... (Avec émotion, en l'embrassant.) Je t'aime bien, va!

MADAME CARDEVENT.

Eh bien, comme tu t'attendris!

PIERRE.

C'est de te voir!

MADAME CARDEVENT.

Il y a autre chose avec! Si, si! Quand tu as ce pli-là entre les deux yeux, c'est que ça ne va pas. Oh! mais, je te connais comme si je t'avais fait, mon garçon, c'est le cas de le dire. Il y a autre chose, hein?

PIERRE.

Un peu de fatigue, peut-être. A force de travailler, tu

comprends... C'est vrai, je suis fatigué, énervé, écœuré !...
Pourquoi ne viens-tu pas vivre à Paris, avec moi ?

MADAME CARDEVENT.

Ah ! si je pouvais... Mais, sans être pauvre, nous ne sommes pas riches, tu sais bien... Et qui donc ferait valoir notre petit bien ?... Sans ça, mon Pierre, il y a longtemps que je serais là ! Tu ne veux pas me dire ce que tu as ?

PIERRE.

Mais, je te répète...

MADAME CARDEVENT.

Et moi, je te répète que tu n'es pas comme les autres fois. D'abord, les autres fois, quand j'arrivais, tu ne m'avais pas plutôt embrassée que tu courais à mon panier, pour voir ce que je t'apportais, et même, des fois, tu ne m'embrassais qu'après... gourmand !... Tu n'es pas malade ?

PIERRE.

Moi ! regarde-moi donc !... (Il fouille dans le panier et en tire les objets à mesure qu'il les nomme.) Oh ! des gants de laine ! des bas !... et un gilet !... Es-tu mignonne !

MADAME CARDEVENT.

Dame ! tu m'as dit que l'atelier était froid l'hiver, alors je t'ai tricoté ça.

PIERRE.

Toi-même ?

MADAME CARDEVENT.

Tu sais bien que quand je ne tricote pas, les doigts me démangent et même, si tu permets ?... (Elle tire un tricot de sa poche et se met à tricoter.) Fouille donc encore.

PIERRE.

Oh! du romarin! des bruyères!... (Flairant le bouquet.) Hum! ça sent chez nous.

MADAME CARDEVENT.

Encore! encore!

PIERRE, tirant du panier un pot de confitures.

Du coudounat!

MADAME CARDEVENT.

Tu es content, hein?

PIERRE, l'embrassant.

Je ne t'aime pas assez, tiens!

MADAME CARDEVENT.

Que si! Comment, tu n'y goûtes pas?... Quand je te dis que tu n'es pas comme d'habitude... (regardant sur la table.) Eh bien, qu'est-ce que je vois là?... De l'eau! du pain! Qu'est-ce que ça veut dire?... Pierre, ce n'est pas ton déjeuner, ça?

PIERRE.

Mais non! mais non!

MADAME CARDEVENT.

Bien vrai, au moins! Ah! mon enfant, je souffre déjà tant à vivre loin de toi; si, en plus, je pouvais penser que tu manques... que tu te prives...

PIERRE, mangeant.

Rudement bon le coudounat!

MADAME CARDEVENT.

Tu ne m'as pas demandé d'argent cette année?... Pourquoi? Tu n'as plus d'argent!... Je suis sûre que tu n'as plus d'argent.

PIERRE, tirant les trois mille cinq cents francs de sa poche et les jetant sur les genoux de sa mère.

Je n'ai plus d'argent? Tiens! Est-ce de l'argent, ça?... En ai-je assez, de l'argent?... Tiens! de l'argent! Tiens! tiens!

MADAME CARDEVENT.

Ah! bonne mère!... Tu as gagné tout ça! Alors, tu es content? Ça va comme tu veux?

PIERRE.

Dame, tu vois...

MADAME CARDEVENT.

Ah! me voilà plus tranquille... Eh! mais, au fait, et les récompenses? C'est aujourd'hui!... Ah! c'est donc ça qui te tourmente?... Auras-tu un prix, cette année? Ça me semble toujours si drôle qu'on te donne des prix à ton âge. Je ne comprends pas, suis-je bête?

PIERRE.

Tu es le bon sens, tu es la bonté... tu es tout ce qui est bon.

MADAME CARDEVENT.

Enfin, si ça te sert à quelque chose, n'est-ce pas? Crois-tu que tu en auras un?

PIERRE.

On me l'a dit, mais on dit toujours ça... Nous allons le savoir dans un instant, du reste.

MADAME CARDEVENT.

Oh! Et puis, tu sais, si tu n'en as pas, ça ne t'empêchera pas de gagner ta vie, à ce que je vois. (Regardant l'argent.) Que d'argent ! Tu as donc vendu toutes tes statues ?

PIERRE.

Oui, toutes !

MADAME CARDEVENT.

C'est vrai, je n'en vois plus ! (Apercevant le buste couvert.) Ah ! si, tiens ! Qu'est-ce que c'est que ça ?

PIERRE.

Oh ! rien !...

MADAME CARDEVENT, soulevant le voile, à Pierre.

On peut voir ?

PIERRE, vivement.

Non !

MADAME CARDEVENT, se reculant étonnée.

Ah !

PIERRE, arrachant le voile du buste.

Eh ! si !... Pourquoi pas ?
Il le découvre. — Madame Cardevent le regarde. — Silence.

MADAME CARDEVENT.

Elle est jolie, cette... personne.

PIERRE.

Je reprends encore un peu de coudounat, moi !

MADAME CARDEVENT.

C'est une jeune demoiselle ?

PIERRE.

Oui.

MADAME CARDEVENT.

C'est pour ses parents que tu fais son portrait?

PIERRE.

Non! c'est pour moi... une... étude.

MADAME CARDEVENT.

Mais ses parents le savent?

PIERRE.

Elle n'a pas de parents.

MADAME CARDEVENT.

Ah!

PIERRE.

Voyons, veux-tu que je te raconte?...

MADAME CARDEVENT.

Oh! je ne te demande pas tes secrets... surtout ceux-là!

PIERRE.

Mais ni ceux-là ni d'autres... je n'en ai pas!... Qu'est-ce que tu as à ton tour?

MADAME CARDEVENT.

Écoute, mon ami, il y a des choses que... dont je ne t'ai jamais parlé, parce que... tu comprends... j'ai peut-être eu tort... j'aurais dû... mais avec toi... parler de ça, je... Enfin, ça me gêne, là!

PIERRE.

Tu rougis!... Paoure maïré!... Ah! si toutes les femmes te ressemblaient...

MADAME CARDEVENT.

Eh bien, justement, il y en a des mauvaises. Oh! je ne parle pas des très mauvaises, mais des autres qui ont de bonnes apparences, et qui ne valent pas les quatre fers d'un chien! Elles sont bien plus dangereuses, celles-là!... Tu es bon, Pierre, tu es tout neuf, tu n'as pas de défense, toi!... fais bien attention!... si ton cœur allait te tromper, songe donc! Un artiste, ça voit de si drôle de monde, il paraît... Nous ne sommes que des petites gens, c'est vrai; feu ton père, un journalier devenu entrepreneur au Caligou, à force de travail; moi, une paysanne devenue bourgeoise, grâce à lui; tout ça n'est pas bien relevé, mais pour l'honnêteté, mon garçon, il n'y a pas de millionnaire ou de préfet plus haut que nous, vois-tu, et si tu te maries jamais, avant tout, entends-tu? avant tout, je veux une bru qui aurait pu appeler ton père, son père, et que je pourrais appeler ma fille.

PIERRE.

Mais à propos de quoi?... Que vas-tu chercher là?

MADAME CARDEVENT.

Ah! c'est que... enfin, je m'entends.

PIERRE.

Et tout cela pour ce buste!... Mais cette jeune fille... je l'ai vue une minute!... Et tu peux être tranquille... c'est plus que je ne la verrai jamais!

SCÈNE XIV

Les Mêmes, VALENTINE, puis SAINT-MARIN, MADAME DE LAVERSÉE, M. DE LAVERSÉE, LA BARONNE LUNATI.

VALENTINE, essoufflée, ouvrant la porte.

Monsieur, vous avez la médaille !

PIERRE.

Hein ?

VALENTINE, se retournant vers la cantonade et triomphante.

Ah ! je l'ai dit la première !

MADAME CARDEVENT, à part.

Mais, c'est elle !

VALENTINE, se tournant vers eux et avec un embarras croissant.

Pardon... c'est que j'avais parié, et puis, je... Excusez-moi... ce n'est pas très... Ah ! les voici tous !...

Entrent M. et madame de Laversée, Saint-Marin et la baronne Lunati.

MADAME DE LAVERSÉE, bas, à Valentine en passant rapidement.

Nous causerons ce soir, mademoiselle.

VALENTINE, à Saint-Marin, bas.

J'ai gagné !

SAINT-MARIN, bas.

Elle est furieuse !

VALENTINE.

Ça me fait deux plaisirs !

SAINT-MARIN, à Pierre, lui serrant la main.

Mon cher Cardevent, mes compliments de tout cœur ; M. et madame de Laversée et madame la baronne Lunati ont tenu à t'apporter eux-mêmes...

DE LAVERSÉE, avec explosion.

Ah ! monsieur, toutes mes félicitations !

MADAME DE LAVERSÉE, même jeu.

Notre admiration !

DE LAVERSÉE, même jeu.

Et quel talent !

LA BARONNE, même jeu.

Et quel succès !

LAVERSÉE, même jeu.

Mais quelle récompense !

MADAME DE LAVERSÉE, même jeu.

Si rare !

LA BARONNE.

A votre âge !... (A madame de Laversée.) Il est bien !

LAVERSÉE.

Cher maître !

PIERRE, confus.

Oh ! monsieur... (A part.) Ils ne vont pas finir ?

ACTE PREMIER

MADAME DE LAVERSÉE.

Laissez-moi vous dire...

PIERRE, présentant madame Cardevent.

Ma mère, madame.

Saluts.

MADAME DE LAVERSÉE.

Oh ! madame, combien vous devez être fière, aujourd'hui !...

MADAME CARDEVENT.

Aujourd'hui ? mais toujours, madame ; fière et heureuse donc, puisqu'il est heureux. (A part.) Je ne sais pas encore de quoi, par exemple.

MADAME DE LAVERSÉE.

L'étourderie de Valentine dont elle est seule à ne pas sentir l'inconvenance (Valentine hausse les épaules, Saint-Marin la sermonne.) m'a privée du plaisir de vous apprendre, la première, ce grand événement.

VALENTINE, bas, à Saint-Marin.

Coupé, son effet !

SAINT-MARIN, bas.

Prenez garde !

MADAME DE LAVERSÉE.

Mais je peux du moins vous dire que, depuis vos débuts, je vous connais, je vous suis et je vous admire.

DE LAVERSÉE.

Oui, nous vous connaissons, nous vous suivons et nous admirons.

MADAME DE LAVERSÉE.

Chanson d'Avril est exquise !

LAVERSÉE.

Délicieuse !

LA DARONNE.

Adorable ! Oh ! maître, cette fois ce n'est plus du talent, c'est du génie !

PIERRE, embarrassé.

Oh ! bien, madame, du génie !... pas de gros mots !... Voyons !

LAVERSÉE.

Si, si !... du génie !... Et mon opinion n'est pas sans valeur, croyez-le ! Je suis le neveu d'un homme qui s'y connaissait en art !...

MADAME DE LAVERSÉE.

Et moi, la fille d'une femme qui en faisait !

PIERRE.

Mon Dieu ! je vous remercie bien, mais, dans tout ça, qu'est-ce qu'on m'a donné ?... quelle médaille ?... quoi ?...

SCÈNE XV

Les Mêmes, PÉGOMAS, COLTNER, puis BRASCOMMIÉ, puis GRIGNEUX, puis CARACEL, LARVEJOL, puis Le Modèle, Reporters, Photographes, *La Tomate*, etc., tous bruyants, effarés, pressés.

PÉGOMAS, entrant précipitamment, et à Pierre.

Ah ! mon vieux Pétrus, sans phrases, hein ?

Ils s'embrassent.

ACTE PREMIER

BRASCOMMIÉ, à madame Cardevent.

Eh bien, madame Cardevent ? Ça y est, cette fois-ci, ah ! ah !

PÉGOMAS.

Et dans le mille !

PIERRE.

Mais quelle médaille ?... Une seconde ?

PÉGOMAS.

Non !

PIERRE.

Une première ?

PÉGOMAS.

Non !

PIERRE.

Alors ?

PÉGOMAS.

La grande !

COLTNER, entrant en s'épongeant le front et radieux.

La médaille d'honneur, monsieur Cardevent.

PIERRE, embrassant sa mère.

Ah ! maman !

MADAME DE LAVERSÉE, à la baronne Lunati, en lui montrant la mère et le fils embrassés...

C'est charmant !

COLTNER, à Pégomas.

C'est moi qui ai bien fait d'acheter la statue ! C'est

moi !... pour moi !... oui, pour moi, que j'ai acheté... Eh ! eh ! eh !

GRIGNEUX, entrant.

Eh bien, êtes-vous rassuré ?

PIERRE.

Merci, mon vieil ami.

PREMIER REPORTER, à Pierre.

Cher maître, *l'Écho de l'art* m'envoie vous demander quelques détails...

DEUXIÈME REPORTER, à Pierre.

Le Furet des ateliers espère...

LA REPORTERESSE d'un journal anglais, à Pierre.

L'Illustratione Magazine voudrait...

LE MODÈLE, entrant, lui apportant des papiers.

Tenez !... En voilà des lettres, des télégrammes, des cartes !... Mes compliments, monsieur Quatre-Vents, et sans rancune.

PREMIER REPORTER, à Pierre.

Quel âge ?

DEUXIÈME REPORTER, à Pierre.

Quel pays ?

LA REPORTERESSE, à Pierre en désignant madame Cardevent.

C'est madame votre mère ?

UN PHOTOGRAPHE.

La *Photographie franco-russe* désirerait que vous lui fixassiez une séance.

Un autre photographe braque son objectif sur les groupes, et prend des instantanés.

ACTE PREMIER

PIERRE, *donnant à sa mère une lettre qu'il vient de lire.*

Du ministre !... Tiens, maman, bois du lait !

PÉGOMAS, *aux reporters.*

Venez, je vais vous renseigner. Mettez-vous là !
Il les installe à la table.

VALENTINE, *à Saint-Marin qui manque de tomber, en se heurtant à une boîte, par terre.*

Prenez garde à la boîte à glaise !

SAINT-MARIN.

Comme vous connaissez les ateliers !

VALENTINE.

Si je ne les connaissais pas, depuis le temps qu'elle m'y mène... pour rabattre les grands hommes dans son salon.

SAINT-MARIN.

Je vais la retrouver... ça l'agace de nous voir ensemble.

VALENTINE, *riant et le retenant.*

Non, restez !... je vous compromets, ça m'amuse.

MADAME DE LAVERSÉE.

Monsieur Pégomas ?

PÉGOMAS, *accourant.*

Madame...

MADAME DE LAVERSÉE, *montrant Pierre et sa mère.*

Ce mouvement ! cette joie !... ce fils et cette mère !... Cela ne vous inspire rien ?

PÉGOMAS, *tirant un papier de sa poche.*

L'article est fait, madame.

MADAME DE LAVERSÉE.

Vous êtes intelligent, monsieur Pégomas... Vous n'y avez oublié personne !

PÉGOMAS.

Il est intitulé : *Une visite de madame de Laversée.*

MADAME DE LAVERSÉE.

Très intelligent !... (Appelant Saint-Marin qui cause avec Valentine.) Docteur ?...

Il accourt avec empressement. Ils se disputent à voix basse. — Valentine est devant son buste qu'elle regarde avec étonnement. — Entrée de « la Tomate ». Tous ont des palmes à la main. Ils chantent.

LA BARONNE, étonnée.

Hein ! qu'est-ce que c'est que ça ?

CHŒUR

Chantons ! chantons !
De Cardevent, chantons la gloire !
Célébrons sa grande victoire !
Chantons ! chantons !
Il a la médaille d'honneur,
Pour « la Tomate », quel honneur !
Et pour ses amis, quel bonheur !
Chantons ! chantons !

Vivats, applaudissements.
Tout en chantant, ils défilent devant Cardevent, et le saluent de leurs palmes.

MADAME DE LAVERSÉE, riant.

Ils sont vraiment drôles !

LA BARONNE, riant, enthousiasmée.

Il n'y a que les artistes, ma chère... (Montrant Pierre. La tête de ce Pierre a du caractère, vous ne trouvez pas ?

VALENTINE, appelant Saint-Marin.

Dites donc, Lionel ?

GRIGNEUX, à madame Cardevent, lui montrant Valentine et le buste.

Mais, cette jeune fille, c'est...

MADAME CARDEVENT.

Oui !

VALENTINE, à Saint-Marin.

Lionel, venez donc voir... C'est moi, ce buste ?

SAINT-MARIN.

Non, c'est un hasard, il paraît...

VALENTINE.

Mais, ça ne peut être que moi... Demandez à votre ami... Si, si !... Et dites-lui qu'il me plaît beaucoup avec sa maman, ce grand garçon, beaucoup !... Vous pouvez lui dire.

SAINT-MARIN.

Je ne veux pas... je suis jaloux !

VALENTINE, riant.

Jaloux !... Ah ! ah ! ah ! t'es bête !

MADAME DE LAVERSÉE, appelant Saint-Marin.

Docteur !

SAINT-MARIN, accourant.

Madame !

MADAME DE LAVERSÉE, furieuse.

Toujours avec Valentine, alors ?

SAINT-MARIN.

Mais...

MADAME DE LAVERSÉE, sèchement.

Dites à vos amis que je veux leur parler.

4.

SAINT-MARIN, à ses amis.

Messieurs, messieurs !... (silence.) Madame de Laversée... hum ! et M. de Laversée ont une proposition à vous faire... Messieurs, messieurs !

MADAME DE LAVERSÉE.

Je vous demande pardon de vous arracher à mademoiselle Valentine, mais ce n'est que pour un instant...

SAINT-MARIN.

Hum !

MADAME DE LAVERSÉE.

Cette grande récompense qui honore toute votre société, doit être célébrée par une grande fête ; n'est-ce pas votre avis ?...

TOUS.

Oui, oui !

MADAME DE LAVERSÉE.

Eh bien, je propose qu'elle ait lieu...

LAVERSÉE.

Dans notre hôtel !... Et nous prions les membres de « la Tomate » d'y venir, à cet effet, dîner, le troisième lundi du mois prochain, 21 juin. Est-ce accepté ?

LES ARTISTES, entre eux.

Oui ! Je crois bien ! d'enthousiasme ! Merci ! Je t'écoute !

PÉGOMAS, bas, à madame de Laversée.

Invitez madame Cardevent... Une paysanne dans votre salon... quel effet !

ACTE PREMIER

MADAME DE LAVERSÉE, de même.

Très intelligent !... (A madame Cardevent.) Vous voudrez bien nous faire aussi l'honneur d'assister à cette fête, n'est-ce pas, madame ?

MADAME CARDEVENT.

Oh ! moi, madame, non, merci... je ne serais pas à mon aise... Je ne vais qu'où je tricote, moi !

MADAME DE LAVERSÉE.

Eh bien, vous tricoterez. Si, si ! votre fils vous amènera. Je compte sur vous.

PÉGOMAS, à Pierre.

Tu iras, j'espère ?

PIERRE.

Non.

BRASCOMMIÉ.

Puisque nous y allons tous.

COLTNER.

Il faut y aller aussi !... N'est-ce pas, monsieur Pégomas ?

PÉGOMAS.

Absolument ! Je veux que le grand Laversée ait sa statue comme tout le monde, et je veux qu'on te la commande.

COLTNER.

Il faut ! il faut !...

PIERRE.

Allons donc ! D'ailleurs, je n'ai pas d'habit noir.

####### COLTNER.

Mais, j'en ai, moi ! J'ai de tout, des habits, des gilets, des pantalons, de tout... Je vous vends de tout !... il faut ! il faut !

####### LAVERSÉE, à Grigneux.

Très curieux, ce que vous me dites sur Murillo... Au lundi, 24 juin, nous comptons sur vous !... (A Pierre.) Et sur vous aussi, maître ?

####### PÉGOMAS.

Oui, oui, c'est entendu !

####### PIERRE, à son entourage.

Eh ! non ! non !

####### VALENTINE, s'avançant vers lui.

C'est oui, n'est-ce pas, monsieur ou je croirai que vous m'en voulez pour mon étourderie... Mais j'avais été la première à prédire votre récompense, j'ai voulu être la première à vous l'annoncer. Vous me pardonnez ? (Elle lui tend la main. Pierre la touche en s'inclinant.) Je suis contente... A bientôt, alors !... Elle s'éloigne.

####### GRIGNEUX, la regardant et à lui-même.

Comme elle ressemble à l'autre !

####### PÉGOMAS.

Ah ! tu ne peux plus refuser maintenant !

####### COLTNER.

Il ne peut plus ! Il ne peut plus !

####### PIERRE, hésitant.

Eh bien, pile ou face, là ! Si c'est face, j'y vais ! (Il jette une pièce en l'air, la ramasse et la regarde. Déçu.) C'est pile ! (Prenant son parti.) Bah ! j'irai tout de même !

CARACEL, LARVEJOL, COLTNER, triomphants.

Ah !

MADAME CARDEVENT, à part.

Il l'aime !

MADAME DE LAVERSÉE, à tout le monde.

Alors, au lundi 21 juin, messieurs !

TOUS, entre eux.

Oui !... Oui !... Lundi !... Avec ma fourchette ! Et mes estomacs !...

LAVERSÉE, à Pégomas.

Et nous, monsieur Pégomas, à demain !

PÉGOMAS, s'inclinant.

A demain, monsieur. (A part.) Son secrétaire ! Et maintenant, si je n'arrive pas où je veux, je ne suis qu'un imbécile !... (Après un silence.) Ça m'étonnerait !

REPRISE DU CHŒUR.

Chantons ! Chantons !
De Cardevent chantons la gloire !...
etc.

Rideau.

ACTE DEUXIÈME

Un grand cabinet de travail dans le goût ultra-artistique. Tableaux, sculptures, bibelots d'art, livres, émaux, meubles de tous temps et de toutes provenances. Trois portes à deux battants au fond, portes à droite et à gauche.

SCÈNE PREMIÈRE

LAVERSÉE, assis à la table de travail, écrit sous la dictée de PÉGOMAS, qui improvise tout en marchant à grands pas dans la chambre.

PÉGOMAS.

En résumé, tant en mon nom personnel qu'au nom des nombreux admirateurs de feu mon oncle Auguste Abdon de Laversée, je remercie Votre Excellence...

LAVERSÉE.

En République ?

PÉGOMAS.

Raison de plus ! Votre Excellence de la souscription magnifique (quinze mille francs...)

LAVERSÉE.

Il faut mettre la somme ?

PÉGOMAS.

Je crois bien ! Un pareil chiffre encourage. Les souscriptions ont leur contagion.

LAVERSÉE, écrivant.

Quinze mille francs...

PÉGOMAS.

Qu'elle a bien voulu consacrer au monument du regretté poète, dont, grâce à cette munificence, la statue sera érigée cette année même... (Répétant.) La statue sera érigée cette année même, sur la grande place du Caligou, sa ville natale... C'est écrit ?

LAVERSÉE.

Sa ville natale.

PÉGOMAS.

Le gouvernement a ainsi affirmé une fois de plus, et nous l'en félicitons autant que nous l'en remercions, qu'il tient... C'est écrit ?

LAVERSÉE.

Que nous l'en remercions.

PÉGOMAS.

... Qu'il tient à honneur de récompenser, jusque dans leur mémoire, les citoyens qui, par leurs talents, ont ajouté à la gloire de la République et de la Patrie.

LAVERSÉE.

La République d'abord ?

PÉGOMAS.

Oui, nous avons plus besoin d'elle, en ce moment, que de la Patrie. (Répétant.) « De la République et de la Patrie. » Et maintenant, les formules de politesse et signez. Vous voudrez bien copier cette lettre de votre main, c'est plus respectueux, et en triple. Je ferai passer les trois copies aux trois ministres.

LAVERSÉE.

Comment, trois ministres ?...

PÉGOMAS.

Ah ! c'est vrai, je ne vous ai pas dit... Il y en a un de plus depuis hier soir. J'ai fait décider par la Commission que du piédestal de la statue jaillirait une fontaine.

LAVERSÉE, étonné.

Tiens !

PÉGOMAS.

Oui, les Caligoulois manquent d'eau. Or, s'ils seront incontestablement fiers de contempler l'image de bronze de leur plus glorieux concitoyen, ils ne seront pas moins incontestablement heureux d'ajouter, du même coup, quelques hectolitres du précieux liquide à leur consommation quotidienne et ménagère.

LAVERSÉE.

Mais...

PÉGOMAS.

D'ailleurs, si la subvention ministérielle est aussi forte, c'est qu'elle est triple. Et cela, parce que j'ai trouvé le moyen d'intéresser au succès de votre candidature à la députation du Caligou, trois ministres : celui de l'intérieur, par votre élection, celui des beaux-arts par la statue, et celui des travaux publics par la fontaine.

LAVERSÉE.

C'est égal, il m'aurait bien étonné, celui qui m'aurait dit, il y a un mois, que moi, le critique esthète et qui n'aspirais qu'à l'Institut, je devrais, pour y entrer, passer par la députation. Quel drôle de chemin vous me faites prendre là !

PÉGOMAS.

C'est le plus court ! Rappelez-vous notre entretien, ici même, il y a un mois, le jour de mon entrée en fonctions : « Monsieur de Laversée, vous ai-je dit, l'héritage d'un grand homme ne confère pas seulement le droit de porter son nom, il impose le devoir de le grandir. Je vous y aiderai. Vous voulez vous présenter à l'Institut, c'est bien ! Mais votre grand travail sur Murillo, sa vie, son œuvre, est loin d'être terminé ; par vos ouvrages, vous n'êtes pas encore académisable. Il y a mieux à faire. Les élections ont lieu dans six mois, portez-vous candidat dans le pays de vôtre oncle, son nom est un peu oublié, remettons-le sur l'affiche, publions les Mémoires de vôtre oncle, écrivons des articles sur vôtre oncle, ouvrons une souscription pour vôtre oncle, élevons une statue à vôtre oncle. Ceci fait, vous entrez d'emblée au Parlement. Une fois là, vous prenez la spécialité des Beaux-Arts. C'est facile. Dans le royaume des aveugles... Hum !... Et après quelques services rendus aux artistes, ils vous ouvrent toutes grandes les portes du palais Mazarin ! Est-ce exact ?

LAVERSÉE.

Oui, mais j'aurais mieux aimé !... enfin ! Va-t-elle, au moins, cette souscription ?

PÉGOMAS.

Peuh ! nous avons donc les quinze mille francs des trois

ministres, d'une part... D'autre part, vous en avez donné dix mille sous divers pseudonymes : « la Tomate », cinq cents francs; un admirateur, dix francs; un vieil ami du poète, cent francs; le petit Émile, enfant de onze ans, qui déjà adore la poésie, cinquante centimes, etc... tout cela ne fait que vingt-neuf mille, neuf cent quatre-vingt-dix-neuf francs, cinquante centimes.

LAVERSÉE.

Diable !

PÉGOMAS.

Oui, mais il y a la tombola.

LAVERSÉE.

Encore une idée que je n'aurais pas eue...

PÉGOMAS.

C'était pourtant indiqué, vous connaissez tous les artistes. Et si simple ! On vous donne les lots, vous les vendez... et l'argent vous reste... Comme c'est simple ! Et ils ont tous donné ! Oh ! nous aurons la somme... Quant à la statue, le plâtre est fini !

LAVERSÉE.

Déjà ?

PÉGOMAS.

Le piédestal aussi, ce sera superbe ! grand talent, ce Cardevent ! mais vous verrez cela demain, chez lui, avec la Commission; parlons de votre candidature.

LAVERSÉE.

Au fait, où en sommes-nous ?

ACTE DEUXIÈME

PÉGOMAS.

J'ai commencé le travail dans le Var. Elle ne vous coûtera pas cher.

LAVERSÉE.

C'est déjà ça !

PÉGOMAS.

Seulement, il y a comme toujours d'innombrables demandes, bureaux de tabac, de poste, exemptions, dégrèvement, etc... je promets tout en votre nom; une fois élu, vous vous arrangerez. Il y a aussi l'éternel embranchement du Rocas au Caligou. Je me suis fait autoriser à poser les jalons...

LAVERSÉE.

C'est bien connu.

PÉGOMAS.

Cela prend toujours. On pose les jalons avant l'élection, on les retire après et le tour est joué ! Ah ! autre chose, les dames du Caligou réclament une garnison, elles préféreraient l'Infanterie de marine... Il faudra voir le ministre de la guerre.

LAVERSÉE.

Je ne le connais pas.

PÉGOMAS.

Je le connais, moi. Je les connais tous, maintenant. Ne vous en occupez pas. Finissez tranquillement *Murillo, sa vie, son œuvre.*

LAVERSÉE.

Vous êtes vraiment extraordinaire, mon cher Pégomas; non seulement vous avez inventé ma candidature, mais vous ne me laissez rien à faire. Ah ! Saint-Marin ne m'a pas trompé. Vous êtes mon collaborateur le plus précieux.

PÉGOMAS, à part.

Et Saint-Marin, donc ! (Haut.) Maintenant, pour finir, passons aux Mémoires posthumes.

LAVERSÉE.

Il faudra pourtant bien qu'un jour ou l'autre, je paie de ma personne, que je parle, surtout, ce qui m'embarrasse fort, je l'avoue.

PÉGOMAS.

Alors comme alors, nous n'en sommes pas là. Nous en sommes, comme j'avais l'honneur de vous le dire, aux Mémoires du grand homme. Le premier volume paraît demain. J'ai envoyé des extraits aux journaux avec une note; vous l'avez lue ?

LAVERSÉE.

Oui, c'est très bien !

PÉGOMAS.

J'ai beaucoup infléchi ces Mémoires dans le sens républicain, nécessairement. Du reste, c'était facile, votre oncle a fonctionné sous tant de régimes, je n'avais que l'embarras du choix.

LAVERSÉE.

Alors, ma candidature sera républicaine ?

PÉGOMAS.

Cela vous contrarie ?

LAVERSÉE.

Oh ! je n'ai pas de préférence.

ACTE DEUXIÈME

PÉGOMAS.

A la bonne heure ! En politique, les opinions ne sont que des intérêts.

LAVERSÉE, pudique.

Dominé pourtant par un intérêt supérieur.

PÉGOMAS, à lui-même.

Oui, le nôtre !

LAVERSÉE.

Et croyez-vous que ça se vende !

PÉGOMAS.

Qui ?... Quoi ?... Ah ! les Mémoires. Dame ! la couverture du premier volume annonce le dixième mille, mais, je n'en sais rien... Et maintenant, je crois que c'est tout. Si vous avez encore quelque chose à me demander, je suis à vos ordres.

LAVERSÉE.

Je n'ai qu'à vous remercier, mon cher Pégomas, de tout ce que vous avez fait, et de ce que vous ferez encore.

PÉGOMAS.

Je ferai ce que je me suis proposé, soyez-en sûr... nous aurons notre siège à la Chambre et à l'Institut. Une élection amène l'autre, les fauteuils aussi ont leur contagion.

LAVERSÉE.

Ah ! ce jour-là, croyez que je ne serai pas ingrat.

PÉGOMAS.

Ce jour-là, je serai payé.

LAVERSÉE.

Tenez, vous êtes un homme antique. Ah! j'oubliais. (Il lui tend des papiers.) Mon travail d'aujourd'hui sur *Murillo, sa vie, son œuvre;* vous lirez cela, n'est-ce pas? Sept heures et quart. Nous finissons à temps. C'est ce soir le dîner de vos camarades de « la Tomate », vous savez?

PÉGOMAS, lui remettant un papier.

A propos, j'oubliais aussi, moi! Voici votre toast, celui que vous devez leur porter à la fin du repas. Oh! il n'est pas long, vous l'apprendrez en vous habillant.

LAVERSÉE.

J'aimerais mieux le lire.

PÉGOMAS.

Comme vous voudrez. Mais...

On entend la voix de madame de Laversée.

LAVERSÉE.

Chut! ma femme! Pas un mot de la statue, surtout; elle n'aime pas mon oncle, vous savez?

PÉGOMAS, à part.

Oui, la concurrence!

SCÈNE II

Les Mêmes, MADAME DE LAVERSÉE.

MADAME DE LAVERSÉE, nerveuse.

Pas arrivé, Saint-Marin?

LAVERSÉE.

Je vous le demande!

ACTE DEUXIÈME

MADAME DE LAVERSÉE.

Et Valentine, pas rentrée?...

LAVERSÉE.

Elle est donc sortie?

MADAME DE LAVERSÉE.

Vous voyez... elle rentre... elle sort, on n'en sait rien. C'est joli.

LAVERSÉE.

Dame! vous ne l'emmenez plus nulle part, il faut pourtant qu'elle prenne l'air... d'ailleurs, elle est avec la femme de chambre!

MADAME DE LAVERSÉE.

La mienne, oui!...

LAVERSÉE.

Vous lui en aviez donné une, vous l'avez renvoyée.

MADAME DE LAVERSÉE.

Alors, vous trouvez bon que ce soit ma lingère qui m'habille, pendant que mademoiselle Valentine...

LAVERSÉE.

Je ne dis pas cela!

MADAME DE LAVERSÉE, regardant la pendule.

Comment! sept heures et demie, et ce fumoir n'est pas prêt!

Elle sonne.

LAVERSÉE.

Puisqu'on fume partout!

PÉGOMAS, à part.

Pas de bonne humeur, la patronne!

MADAME DE LAVERSÉE, à un domestique qui entre.

Préparez ce cabinet tout de suite, et dès que mademoiselle Valentine rentrera, envoyez-la-moi. (Le domestique range le cabinet. A Laversée.) Où est-elle encore?

LAVERSÉE.

Chez son sculpteur, probablement, pour finir ce buste...

MADAME DE LAVERSÉE.

Qui n'en finit pas.

LAVERSÉE.

Ah! pour ça, rien à dire. Vous l'y avez autorisée.

MADAME DE LAVERSÉE.

Je crois bien! tout le monde s'amourache d'elle, ce Cardevent comme tout le monde. Et s'il allait l'épouser! Quel débarras!... Monsieur Pégomas?

Le domestique sort.

PÉGOMAS.

Madame!

MADAME DE LAVERSÉE.

Il vient ce soir, n'est-ce pas, votre ami Pierre?

PÉGOMAS.

Oui, madame, mais après le dîner, à cause de sa mère.

MADAME DE LAVERSÉE.

Enfin il vient, c'est l'important... Ce dîner de « la Tomate » chez moi... c'est bien risqué, vous ne trouvez pas?

ACTE DEUXIÈME

PÉGOMAS.

Oh! je réponds de l'effet dans les journaux.

MADAME DE LAVERSÉE.

Oui, mais ici! vos amis sont un peu... gais, j'ai aussi des gens sérieux, à mes lundis.

PÉGOMAS.

N'ayez crainte, madame, ce dîner est, au contraire, tout à fait dans l'esprit de vos réceptions qui est une véritable trouvaille. Vous avez compris la première qu'aujourd'hui, ce qu'on appelle encore le monde a les goûts de tout le monde, et que, dans ses fréquentations ou ses plaisirs, il n'a plus d'éloignement que pour ce qui le gêne, et de répugnance que pour ce qui l'ennuie. Alors, vous avez créé le salon moderne, un salon-atelier, bon enfant, où l'on peut venir comme on est, s'en aller quand on veut, dire ce qui vous chante, et rire autant qu'il vous plaît, où les artistes qui sont drôles attirent les gens sérieux qui sont utiles, et qui est, conséquemment, d'autant plus influent qu'il est plus gai. Ah! vous pouvez risquer « la Tomate », soyez tranquille!

MADAME DE LAVERSÉE.

Vous me rassurez. En tout cas, Valentine n'assistera pas à cette fête.

LAVERSÉE.

Parce que?...

MADAME DE LAVERSÉE.

Ce n'est pas la place d'une jeune personne.

LAVERSÉE.

Oh! elle en a bien vu d'autres!

5.

MADAME DE LAVERSÉE.

Mieux vaut tard que jamais! Ah! et puis si vous croyez que c'est amusant d'avoir à côté de soi, toujours, cette grande fille voyante qui fait courir tous les hommes...

LAVERSÉE.

Oh! pour quelques galanteries!...

MADAME DE LAVERSÉE.

Des galanteries! Et son aventure?

LAVERSÉE.

Oui! Ah! le petit Méximieux, toujours, mais il y a trois ans de cela; il est au Japon. Et d'ailleurs, vous ne savez rien!

MADAME DE LAVERSÉE.

Je sais ce que j'ai vu! Ah! elle tient de sa mère, bon chien chasse de race!...

LAVERSÉE, voulant l'arrêter.

Oh!

MADAME DE LAVERSÉE, continuant.

Et avec cela un orgueil, comme si c'était quelqu'un! Et une tenue!

LAVERSÉE.

Oh! plus maintenant, depuis un mois, elle a tout à fait changé.

MADAME DE LAVERSÉE.

Oui! oui, défendez-la contre moi, vous! Oh! je sais bien pourquoi, allez, elle nous vient de votre oncle, c'est sacré. Joli héritage!

ACTE DEUXIÈME

LAVERSÉE.

Et qui vous forçait de l'accepter? Mon oncle, en mourant, lui laissait mille francs de rente.

MADAME DE LAVERSÉE.

Payés par les Beaux-Arts.

LAVERSÉE.

Elle avait quinze ans, elle était en pension, il fallait la mettre en apprentissage, et la marier plus tard selon sa position, mais bah! vous l'avez amenée ici, exhibée partout vous ne la quittiez pas, vous en étiez folle... et puis, tout à coup, changement à vue! Vous l'abandonnez complètement, vous ne pouvez plus la sentir, heureux encore quand vous ne lui demandez pas des services qui ne conviennent pas à sa situation chez nous!

MADAME DE LAVERSÉE.

Sa situation! Quelle situation? Nous ne lui devons rien. Votre oncle nous l'a assez répété, rien! Rien!

LAVERSÉE.

Elle n'est ici que par la charité de mon oncle, soit, mais bienfait oblige...

MADAME DE LAVERSÉE.

L'obligé, pas l'obligeant!

LAVERSÉE.

Enfin, vous l'avez dit, c'est l'héritage de mon oncle!

MADAME DE LAVERSÉE, agacée.

Ah! votre oncle!... la charité de votre oncle! l'héritage de votre oncle!...

LAVERSÉE, de même.

Permettez, il y a au moins une partie de cet héritage que vous avez acceptée sans regrets.

MADAME DE LAVERSÉE.

Sa fortune? Il en avait gaspillé les trois quarts en réclames posthumes : fondation Laversée... prix Laversée... (A part.) Vieux cabotin !

LAVERSÉE.

Je ne parle pas de sa fortune, mais de son nom !

MADAME DE LAVERSÉE.

Ah ! permettez, à votre tour ! Quand on a l'honneur de s'appeler Pélissac...

LAVERSÉE, s'animant.

On ne déroge pas en s'appelant Laversée.

MADAME DE LAVERSÉE, de même.

Oh !

LAVERSÉE.

Comment ! oh ! Vous n'allez pas comparer la gloire de M. de Laversée à la notoriété de madame Pélissac ?

MADAME DE LAVERSÉE, furieuse.

A la not... ni vous le talent, le très grand talent de ma mère au savoir faire de votre oncle ?

LAVERSÉE, de même.

Oh ! le savoir faire ! parlons-en ! comme si vous ignoriez la part considérable que de hautes protections ont eu dans le succès de madame votre mère.

ACTE DEUXIÈME

MADAME DE LAVERSÉE, de même.

Mais les hautes protections n'ont pas manqué non plus à monsieur votre oncle, il n'y a que le succès...

LAVERSÉE, de même.

Le succès !

MADAME DE LAVERSÉE, de même.

Mais rappelez-vous donc qu'avant-hier, pas plus tard, j'ai acheté sur le quai ses œuvres complètes, dix volumes reliés, deux francs, et je n'ai pas marchandé !

LAVERSÉE, de même.

Oui, eh bien ! essayez de faire une exposition des pastels de votre mère, si vous l'osez.

MADAME DE LAVERSÉE.

Et vous de rééditer les poésies de votre oncle, si vous le pouvez.

LAVERSÉE.

Madame !

MADAME DE LAVERSÉE, à elle-même.

Et dire que cette Valentine n'est pas seulement un sujet de scandale, mais un sujet !... Et elle ne vient toujours pas, Saint-Marin non plus, c'est au moins singulier.

LAVERSÉE.

Mais, enfin, qu'est-ce que vous lui voulez ?

MADAME DE LAVERSÉE.

Je veux...

VALENTINE, au dehors.

Elle m'attend dans le salon ?

MADAME DE LAVERSÉE.

La voici !

LAVERSÉE, à Pégomas.

Encore des scènes ! Allons nous habiller, monsieur Pégomas.

Il sort.

PÉGOMAS, à part.

Et c'est tous les jours comme ça !

Il sort. Valentine entre.

SCÈNE III

MADAME DE LAVERSÉE, VALENTINE.

MADAME DE LAVERSÉE.

D'où venez-vous, mademoiselle ?

VALENTINE.

De chez Janekay, madame, pour vos robes ; vous les aurez demain.

MADAME DE LAVERSÉE.

Vous n'êtes pas allée chez votre sculpteur ?

VALENTINE.

Je ne vais plus chez M. Cardevent !

MADAME DE LAVERSÉE.

Votre buste est fini ?

VALENTINE.

Non !

MADAME DE LAVERSÉE.

Eh bien ! alors ?

VALENTINE.

Ces visites n'étaient pas convenables...

MADAME DE LAVERSÉE.

Pas convenables ?... jusqu'à présent, vous trouviez convenable tout ce qui vous convenait.

VALENTINE.

J'ai réfléchi.

MADAME DE LAVERSÉE.

Eh bien ! pour une fois que cela vous arrive, je ne vous en félicite pas... Ces séances n'avaient rien que de correct... je les avais autorisées, madame Cardevent y assistait ; vos scrupules sont invraisemblables, et j'ajouterai maladroits, oui, maladroits, ce jeune homme vous aime...

VALENTINE.

Madame !

MADAME DE LAVERSÉE, ironiquement.

Est-ce qu'on résiste à votre beauté ? Il vous aime, il a du talent, de l'avenir, il pourrait vous épouser... Je vous croyais plus adroite.

VALENTINE.

Je ne l'ai pourtant guère prouvé.

MADAME DE LAVERSÉE.

Dans votre position... avec la jolie réputation que vous vous êtes faite, vous n'êtes pas de celles qu'on recherche, en mariage s'entend. Je vous trouve difficile... Et vous ne retournerez plus chez lui ?

VALENTINE.

Non !

MADAME DE LAVERSÉE.

Parce que ?

VALENTINE.

Parce que n'étant pas de celles qu'on recherche, je ne veux pas être de celles qu'on refuse.

MADAME DE LAVERSÉE.

Ah ! oui ! votre orgueil, toujours ! On n'a pas d'orgueil quand on aime. Vous ne l'aimez pas !

VALENTINE.

Oh ! de grâce, madame !

MADAME DE LAVERSÉE.

Non ! mais c'est aussi par trop extraordinaire ! Ce mariage ! une chance inespérée, vous ne la tentez même pas ! Allons, allons, ce n'est pas possible, vous avez quelque chose en tête ou quelqu'un... qui donc ?

VALENTINE.

Madame, je vous en prie, je n'ai rien en tête que de réparer, en faisant oublier mes torts, le mal que je me suis fait, et que je vois maintenant, mais, ne me découragez pas, au moins, aidez-moi plutôt. Vous voyez bien que depuis un mois, je vous suis soumise, que je fais ce que je peux, je fais même vos courses. Et tout cela pour effacer des fautes dont je ne suis pas la seule coupable, après tout. Ah ! pourquoi m'avez-vous amenée ici ?

Elle pleure.

MADAME DE LAVERSÉE.

Pourquoi ? Alors, c'est moi qui suis responsable de vos torts, c'est parce que je vous ai amenée ici que vous avez été… inconséquente, pour ne pas dire plus.

VALENTINE.

Madame !

MADAME DE LAVERSÉE.

Comment, je vous prends à la pauvreté, à l'abandon, à pis encore, peut-être. Au lieu de la chambre garnie, des gants de filoselle, des leçons à trois francs le cachet qui étaient votre lot, je vous installe dans un milieu d'hommes intelligents, d'artistes célèbres ; vous profitez de mon luxe, vous partagez mes plaisirs, je vous gâte à ce point que vous êtes chez moi plus maîtresse que moi-même… Et voilà votre reconnaissance ! Eh ! que pouvais-je faire de plus ? dites ! Pour être une jeune fille comme les autres, que vous a-t-il manqué ?

VALENTINE.

Une mère.

MADAME DE LAVERSÉE.

Ah ! je n'étais pas d'âge à vous en servir.

VALENTINE.

Il ne fallait pas me gâter, madame, il fallait m'aimer, il ne fallait pas commencer par faire de moi la maîtresse de la maison, puisque je devais finir par en être la servante.

MADAME DE LAVERSÉE.

Et vous, mademoiselle, il ne fallait pas être aussi effrontément orgueilleuse et coquette, il fallait garder dans ce monde où je vous introduisais, le sentiment vrai de votre situation, il fallait...

VALENTINE.

Mais je n'étais qu'une pensionnaire, madame, quand vous m'introduisiez dans ce monde d'hommes intelligents, d'artistes célèbres, je veux bien, mais hardis, familiers, libres d'allures et de langage. Quelles leçons pouvais-je en attendre ? Quels conseils ? Quels exemples ?

MADAME DE LAVERSÉE.

Comment ! quels exemples ?

VALENTINE.

Pourquoi se seraient-ils gênés avec moi, Louise-Valentine, la protégée anonyme de votre oncle le ministre ? Qu'étais-je pour eux, moi ? une curiosité de plus dans votre salon, un bibelot de votre charité, une sorte de camarade, une gamine, parfois même un gamin quand vous m'habilliez en garçon. Mais souvenez-vous donc ? On m'appelait Titine, la gosse et quand on croyait que je n'écoutais pas, Valentine, ou l'enfant du ministère ! Ah ! je l'ai entendu ! On me faisait boire du champagne, fumer dans les coins, on me poussait aux extravagances et on y applaudissait, vous la première ! Oh ! tout cela sans méchanceté, pour s'amuser, pour m'amuser aussi peut-être. Oui, mais, et le sentiment vrai de ma situation, qu'est-ce qu'il pourrait bien devenir dans tout cela ? Et d'ailleurs ma situation ! Quelle situation ? Qu'étais-je pour vous ? Que suis-je chez vous ? votre enfant d'adoption ? votre amie ? votre domestique ? quoi ?

ACTE DEUXIÈME

MADAME DE LAVERSÉE.

Si vous aviez eu le respect de vous-même!...

VALENTINE.

Oh! quant au respect de moi-même, l'opinion qu'on a de soi est faite de celle qu'en ont les autres. Pourquoi me serais-je respectée puisqu'on ne me respectait pas?... tout le monde me tutoyait ici, il y en a même qui me tutoient encore!...

MADAME DE LAVERSÉE.

Le beau malheur!

VALENTINE.

Oui, c'est assez bon pour moi, n'est-ce pas? Et je ne vous répète là que ce qu'on me disait tout haut, quand je n'étais qu'une enfant; mais, plus tard, quand j'ai eu seize ans, si vous saviez ce qu'on me disait tout bas!... Ah! si j'ai été inconséquente, folle, même, j'ai bien des excuses, allez. Et puis, et puis enfin, que voulez vous, je ne suis qu'une femme, après tout, et pas des meilleures; l'étonnant, c'est que je ne sois pas pire, mais cela, je le dois à mon orgueil, cet orgueil que vous me reprochez et que je remercie, moi, car dans cette vie de luxe et de plaisirs qui m'affolait, c'est lui seul qui m'a défendue.

MADAME DE LAVERSÉE.

Pas toujours!

VALENTINE.

Toujours!

MADAME DE LAVERSÉE.

Passons! Vous avez tout dit? Eh bien! voyez comme je me trompais, je croyais que c'était vous qui compromettiez ma maison, il paraît que c'est ma maison qui vous compromet. N'importe! ce que vous voulez maintenant, c'est faire oublier vos torts?

VALENTINE.

Si je le peux!

MADAME DE LAVERSÉE.

Et vous me demandez de vous y aider?

VALENTINE.

Si vous le voulez.

MADAME DE LAVERSÉE.

Soit! Pour cela, je vous tiendrai dorénavant à l'écart de cette vie de luxe et de plaisirs qui vous affole. Vous n'assisterez pas au dîner d'aujourd'hui.

VALENTINE.

Et à la soirée?

MADAME DE LAVERSÉE.

Non plus!

VALENTINE, déçue.

Ah!

MADAME DE LAVERSÉE.

Et ce sera ainsi désormais; de cette façon, on oubliera vos torts en vous oubliant. C'est là ce que je peux faire de plus utile pour vous...

VALENTINE, ironiquement.

Et de plus agréable pour d'autres.

MADAME DE LAVERSÉE.

Pour d'autres? Quels autres? Va-t-elle pas s'imaginer qu'on est jalouse d'elle, à présent. Orgueilleuse! Orgueilleuse!

LA FEMME DE CHAMBRE, entrant.

Il est huit heures et demie, madame, tout le monde est là, excepté M. de Saint-Marin. Firmin demande s'il peut servir.

MADAME DE LAVERSÉE, à la femme de chambre.

J'y vais! (La femme de chambre sort. A Valentine, avec une irritation sourde. Tu ne veux pas retourner chez ce jeune homme? Tu ne veux pas l'épouser? Tu ne l'aimes pas?... Tu aimes quelqu'un! Oh! je ne te demande pas qui, va, je m'en doute; mais je n'entends pas que le scandale d'il y a trois ans avec Méximieux se renouvelle aujourd'hui avec un autre. Prends garde! Chez moi, tu n'es rien, tu l'as dit; mais hors de chez moi, tu serais moins que rien. Puisque tu réfléchis, maintenant, réfléchis à cela!

Elle sort.

SCÈNE IV

VALENTINE, seule, SAINT-MARIN.

VALENTINE, tristement.

Ni à la soirée!... Alors! C'est fini, je ne le verrai plus jamais; cela vaut peut-être mieux, oui, pour lui et pour moi!

SAINT-MARIN, entrant par la porte gauche, bas.

Ah! je vous cherchais!

VALENTINE.

Vous! mais tout le monde est à table, vous savez?

SAINT-MARIN.

Deux mots, et je finis!

VALENTINE.

Qu'est-ce que vous faites là?

SAINT-MARIN.

Et vous?

VALENTINE.

Moi, je suis en pénitence.

SAINT-MARIN.

Toujours des scènes, alors?

VALENTINE.

Et toujours à cause de vous.

SAINT-MARIN.

Pourquoi avez-vous été si imprudente, aussi? C'est votre faute! En pénitence! pauvre Titine!
Il lui prend la main.

VALENTINE, se dégageant.

Ah! pas cela, je vous en prie!

SAINT-MARIN.

Est-elle méchante, depuis quelque temps? Pourquoi? qu'est-ce que je vous ai fait? qu'est-ce que vous avez?

VALENTINE.

Et vous? qu'est-ce que vous voulez? allez les rejoindre, voyons, on vous attend, on sait que vous êtes là!

ACTE DEUXIÈME

SAINT-MARIN.

C'est vrai ! Diable ! j'y vais... mais je voulais vous dire... Avez-vous vu Morton ?

VALENTINE.

Non !

SAINT-MARIN.

Oh ! voyez-le, je vous en prie, obtenez de lui qu'il décide sa tante à me consulter, vous savez, la ministresse du Nicaraguay, une névrose superbe, figurez-vous ! Un cas unique, il y a là une communication des plus intéressantes pour l'Académie, sans compter l'opération qui fera un tapage... Et peut-être au bout, la clientèle de l'ambassade, qui sait? Et il n'y a que vous...

VALENTINE.

Pourquoi pas madame de Laversée ?

SAINT-MARIN.

Morton la déteste et il vous adore, et puis, vous, est-ce qu'on peut rien vous refuser à vous ? Ah ! Valentine, je vous l'ai dit cent fois, vous ne connaissez pas votre force, une femme comme vous, bien guidée par un ami comme moi, plus sérieux qu'il n'en a l'air, et dans une société en déliquium comme la nôtre... Ah ! vous ne savez pas quelle place elle pourrait prendre... Mais pensez donc, moi, la science qui a le secret des corps; vous, la beauté qui a le secret des âmes, à nous deux, voyez-vous...

VALENTINE.

Je vois, je vois qu'on va venir, nous trouver ensemble...

SAINT-MARIN.

Oui, oui, je m'en vais, mais vous parlerez à Morton, n'est-ce pas ?

VALENTINE.

Mais quand? mais où? Elle ne m'emmène plus nulle part.

SAINT-MARIN.

Il vient ce soir.

VALENTINE.

Puisque je suis en pénitence.

SAINT-MARIN.

Ce soir aussi? ah! non, par exemple! Vous assisterez à la soirée, je m'en charge.

VALENTINE, joyeuse.

Vous feriez cela?

SAINT-MARIN.

Pour vous, j'en ferais bien d'autres.

VALENTINE.

Ah! comme je vous en serai reconnaissante!

SAINT-MARIN.

Voici une bonne parole, nous verrons ce soir si vous la tenez. (Il lui prend la main.) Ah! Valentine, si vous vouliez me comprendre... Je vous dis qu'à nous deux... (Entre la femme de chambre, Saint-Marin s'éloigne un peu de Valentine en lui tenant toujours la main.) Hum! ce n'est rien! un peu de fièvre, voilà tout. Je vous ferai une ordonnance en sortant de table. (Voyant la pendule.) Neuf heures! ah! sapristi! quel retard! Bah! pour un médecin, c'est une réclame!

Il se sauve.

LA FEMME DE CHAMBRE, à part.

Tiens! tiens!

SCÈNE V

VALENTINE, LA FEMME DE CHAMBRE.

LA FEMME DE CHAMBRE.

Madame fait dire à mademoiselle de remonter tout de suite dans sa chambre où on lui servira à dîner.

VALENTINE.

C'est bien !

LA FEMME DE CHAMBRE.

C'est que madame a dit tout de suite !

VALENTINE.

C'est bien, je vous dis.

LA FEMME DE CHAMBRE.

Oui, et puis, si madame trouve mademoiselle ici, je serai encore grondée, comme je l'ai été tout à l'heure, parce que mademoiselle était en retard, comme je le suis toujours à cause d'elle, et ça commence à m'ennuyer, à la fin, moi !

VALENTINE, se levant.

Sortez !

LA FEMME DE CHAMBRE, à part.

Pimbêche ! va ! Ça fait sa maîtresse et ça n'est pas plus que moi ici.

VALENTINE.

M'entendez-vous ?

LA FEMME DE CHAMBRE.

C'est bien! On s'en va! (A part.) Et ça flirte avec le petit de madame, encore?... attends!... attends, toi!

Elle sort.

SCÈNE VI

VALENTINE, PIERRE.

VALENTINE, seule, la tête dans ses mains et pleurant.

Mon Dieu! Mon Dieu!

PIERRE, entrant par la porte du fond.

Encore à table! Ah çà! à quelle heure dînent-ils donc dans le monde? Si je m'en allais, moi?... Sans la voir? Oh! non! (Apercevant Valentine.) Ah! (Il s'approche d'elle, la regarde et très ému.) Vous pleurez?

VALENTINE, se levant.

Non!

PIERRE.

Qu'est-ce qu'on vous a fait?

VALENTINE.

Rien! Je suis contente de vous voir.

PIERRE.

Alors, pourquoi ne venez-vous plus à l'atelier depuis dix jours?

VALENTINE.

Excusez-moi!

PIERRE.

Dix jours! Et tous les jours, je vous attends. Tous les jours, je me dis: c'est pour aujourd'hui, et personne!

VALENTINE.

Ne me grondez pas, voyons.

PIERRE.

C'est vrai, depuis dix jours, je suis comme un corps sans âme. Je regarde votre buste qui est là... et je... parce que... enfin ma terre sèche, vous comprenez.

VALENTINE.

Oui, j'aurais dû vous prévenir.

PIERRE.

Mais non! vous auriez dû venir. Qu'est-ce qui vous en a empêchée, il ne vous plaît pas, hein, votre buste? Voulez-vous que je le recommence?

VALENTINE.

Mais non!

PIERRE.

Ou que je l'apporte ici?

VALENTINE.

Ici, pourquoi?...

PIERRE.

Pour y travailler, je demeure si loin, c'est du temps perdu pour vos plaisirs.

VALENTINE, amèrement.

Ah! mes plaisirs!

PIERRE.

Et puis, dame, mon atelier n'est pas élégant, ma mère et moi nous ne sommes pas des gens du monde, ni très amusants. Je comprends qu'une demoiselle comme vous ne se plaise ni chez nous ni avec nous.

VALENTINE.

Ah! monsieur Pierre! Qu'ai-je fait pour que vous le croyiez?

PIERRE.

Rien! Oh! rien! Dans le commencement surtout, vous étiez gaie, vous causiez, vous riiez, c'était gentil, c'est vrai, là, entre nous deux, vous aviez presque l'air d'être heureuse.

VALENTINE.

Et je l'étais!... Vous êtes si franchement honnêtes, tous les deux, si cordialement bons. Ah! non! vous n'êtes pas des gens du monde, vous, heureusement. Et puis, vous vous aimez tant, on voit si bien que vous êtes tout l'un pour l'autre!... (Rêveuse.) Je n'avais jamais vu cela, moi... Ah! oui!... j'étais heureuse...

PIERRE.

Eh bien! alors! Quand revenez-vous?

VALENTINE.

Jamais!

PIERRE, atterré.

Jamais! Pourquoi?...

VALENTINE.

Demandez à votre mère.

PIERRE, inquiet.

Ma mère?...

VALENTINE.

On lui a parlé de moi, monsieur Pierre. On lui a dit sans doute tout ce qu'on en dit. Oh! je l'ai deviné à ses regards furtifs, à ses conseils indulgents, à sa gêne croissante.

PIERRE, embarrassé.

Je vous assure...

VALENTINE.

Si! si! Oh! c'est l'effet de ma réputation. J'y suis habituée, allez!

PIERRE.

Mais je ne crois pas à tout ça, moi!

VALENTINE.

Mais votre mère y croit, elle! Et alors que doit-elle penser de moi?... Que vais-je faire chez vous? Que suis-je pour elle? Qui sait? Peut-être quelque aventurière en quête d'une situation. Et je ne veux pas qu'elle le croie ... elle! Je ne le veux pas! comprenez donc?

PIERRE.

Je comprends que vous ne voulez plus me voir, voilà ce que je comprends.

VALENTINE.

Oui, pour retourner à mes plaisirs, n'est-ce pas? Ah! mes plaisirs! Si l'on me permet de descendre, ce soir, vous les verrez, mes plaisirs, vous verrez comme on me parle et comment l'on parle de moi. Et tous, depuis les maîtres jusqu'aux valets!

6.

PIERRE.

Y a-t-il des lâches!

VALENTINE.

Et vous comprendrez peut-être, alors, avec quelle facilité quand on peut tout dire à une femme, on arrive à tout en dire.

PIERRE.

Eh! quittez cette maison!... Allez-vous-en!

VALENTINE.

Et où irais-je? Est-ce que je le peux? à moins qu'on ne me renvoie.

PIERRE.

Vous! Comment?

VALENTINE.

Rassurez-vous, allez, je me ferai si humble qu'il faudra bien qu'on me garde.

PIERRE.

Et moi, alors, je ne vous verrai plus? Vous ne voulez plus?...

VALENTINE.

Il le faut, monsieur Pierre; réfléchissez, vous verrez qu'il le faut. Et, d'ailleurs, à quoi bon nous revoir? A quoi cela nous mènerait-il? Ah! Dieu! j'ai assez de mes tristesses et de mes luttes, sans en provoquer de nouvelles. Mais dites bien à votre mère que je la comprends et je l'excuse, comme je la supplie de me comprendre et de me plaindre, et, vous, ne m'en veuillez pas! plus tard, vous direz : elle avait raison. Remettez-vous à votre œuvre qui vous veut tout entier, et quand votre succès sera devenu de la gloire, rappelez-vous avec douceur cette amie d'une heure que le hasard avait mise dans votre chemin, et qui volontairement s'en est retirée, pour vous le rendre plus facile... N'oubliez pas qu'un jour... ou plutôt... non! Oubliez cela!... oubliez tout! oubliez-moi!

Elle sort.

SCÈNE VII

PIERRE, GRIGNEUX, entrant au moment où Valentine sort, la suit du regard, et regarde Pierre.

PIERRE, avec une légèreté forcée.

Ah! c'est vous! Eh bien! vous pouvez vous rassurer, mon vieux Grigneux! C'est fini!

GRIGNEUX.

Quoi?

PIERRE.

Mon roman, donc, comme vous l'appeliez.

GRIGNEUX, incrédule.

Fini?

PIERRE.

Oui, mademoiselle Valentine m'a déclaré qu'elle ne voulait plus me voir, qu'il fallait l'oublier... parce que... enfin... Je ne sais pas bien pourquoi, mais ce que je sais bien, c'est qu'elle ne veut plus me voir. Ah! il n'a pas été long, mon roman, hein? Ah! ah! dites donc, vous qui aviez si peur du dénouement. Le voilà, le dénouement; vous êtes content, j'espère! Voulez-vous que je vous dise?... moi aussi!

GRIGNEUX.

Comme vous l'aimez!

PIERRE.

Alors, c'est ça qu'on appelle aimer? Eh bien, c'est gai. Comment! depuis dix jours je l'attends comme le bon Dieu! Ce soir, je quitte ma mère pour la voir, je viens ici, chez des gens qui m'assomment, dans un salon, dans le monde! Moi! Cardevent! Avec un habit qui me gêne, une cravate qui m'étrangle et de la pommade qui m'empeste! Oui, de la pommade, j'ai mis de la pommade, parole d'honneur! (Riant.) Ah! ah! ah! et tout ça pour l'entendre me dire qu'il faut l'oublier et que c'est fini! Mais c'est stupide! mais je n'ai jamais été bête comme ça, moi! ah! c'est fini! Eh bien! tant mieux! Merci! J'en ai assez!

GRIGNEUX.

Vous êtes bien pris, mon pauvre Pierre!

PIERRE.

Je me déprendrai donc! il ne faut que vouloir!

GRIGNEUX.

Oui, mais il faut vouloir vouloir...

PIERRE.

N'ayez pas peur, vous verrez!

GRIGNEUX.

C'est parce que j'ai vu que j'ai peur!

PIERRE.

Allons donc! Il n'y a pas d'amour qu'on ne tue à coup de volonté.

ACTE DEUXIÈME

GRIGNEUX.

J'ai connu, il y a longtemps, un artiste, moins bien doué que vous, mais ayant comme vous la passion de son art, la foi puissante de la jeunesse, et qui aurait pu être quelqu'un, lui aussi, qui sait? Seulement, une femme est venue qui a saccagé toutes ces promesses, et fait de sa vie la chose du monde la plus lamentable.

PIERRE.

Et comment ça?

GRIGNEUX.

Ah! toujours la même histoire, il avait pour voisine une jeune fille, une pianiste, qui vivait tant bien que mal, du produit de ses leçons. Intelligente, fière, un peu exaltée, elle croyait au génie du pauvre diable! Que de séductions pour lui! Et avec cela jolie, tenez! comme cette Valentine que vous aimez, et même, elle s'appelait comme elle.

PIERRE.

Oui. Eh bien?

GRIGNEUX.

Eh bien, il l'aima et il l'épousa. C'était écrit. Aimer, pour un artiste, c'est déjà un danger... mais se marier, mettre dans le secret de son travail, c'est-à-dire de ses efforts, de ses doutes, de ses défaillances qui sont les douleurs de tout enfantement, une femme qui croit en vous comme à Dieu, et s'imagine que, pour créer, il vous suffit, comme à Dieu, d'un geste solennel, ça c'est la faute irréparable! Voyez-vous, Pierre, les femmes ne comprennent que le succès. Or, le pauvre Dieu en question avait beau s'épuiser à créer toute la semaine, sans même se reposer le septième jour, il ne tirait rien de son chaos, le succès ne venait pas; au contraire, les chutes succédaient aux chutes. Peu à peu, tous les espoirs se lassaient, excepté le sien qui, toujours déçu, devenait grotesque par sa persistance. On riait de lui, autour de lui. Dès lors, il fut jugé et condamné. La jeune femme se mit du côté des rieurs. Je passe les détails. Enfin, comme il ne lui restait plus qu'une trahison à commettre, ce qui devait arriver arriva, un soir, elle s'enfuit de la maison de ce vaincu, obstinément ridicule, pour aller on ne sait où, rejoindre on ne sait qui.

PIERRE.

Et lui, qu'est-ce qu'il fit, lui?

GRIGNEUX.

Pendant huit jours, fou de douleur et de rage, il fouilla la ville, mais sans rien trouver. Alors, il s'enfuit à son tour, et alla s'échouer en Italie dans un petit village, près de Naples. C'est là, que huit mois après, il apprit la mort de cette femme, en lisant, dans un journal de France, les décès de la semaine. Il resta ainsi vingt ans exilé, jusqu'à ce que, vieilli, usé, méconnaissable, il revint dans ce Paris, où tout se perd et s'oublie, et où il finit de vivre caché, sous un faux nom, misérable et seul.

PIERRE.

Eh! tant pis pour lui! un homme qui ne se ressaisit pas sous l'insulte, c'est un lâche!

GRIGNEUX.

Oui... Eh bien, cet homme-là, c'est moi!

PIERRE.

Vous?

GRIGNEUX, exalté de plus en plus.

Et plus lâche que vous ne croyez, allez, car je l'aimais encore. Et de peur de moins l'aimer, entendez-vous, je n'ai rien recherché en revenant ici, rien voulu savoir de son passé coupable. J'ai voulu que, pour moi, elle eût cessé d'exister du jour où j'avais cessé de la voir, et que, devançant sa faute, la mort l'eût ensevelie pure dans l'inconnu de son mystère et la clémence de son oubli. Ah! je suis bien plus lâche encore, si vous saviez! car je l'aime toujours! oui toujours! (Avec un égarement toujours croissant.) Et comme je l'ai perdue dans la réalité, je la ressuscite dans le rêve, et c'est pour cela que je prends ce poison qui donne les rêves. Et alors, oh! alors, elle vient... je l'entends, elle me parle... je lui réponds, elle s'approche... je sens sa main sur mon épaule... Elle est là, je la vois!

Il reste dans une sorte de silence extatique.

PIERRE, effrayé.

Grigneux!

GRIGNEUX, comme s'éveillant.

Et puis, peu à peu, sa voix s'éteint, la vision s'efface, et elle me laisse seul, et si malheureux... que je recommence. Ah! je sens bien que ma raison s'en va, que mon corps s'épuise. Tant mieux!... Puisqu'il n'y a plus que mon corps qui me sépare d'elle, qu'il périsse donc vite, et que mon âme aille enfin rejoindre la sienne.

PIERRE.

Mon ami!

GRIGNEUX, passant la main sur son front et revenant à lui.

Voilà ce que c'est que l'amour, Pierre. Voilà ce qu'il fait d'un vieillard comme moi, et ce qu'il peut faire d'un jeune homme comme vous. Et c'est pourquoi je vous dis : Fuyez-le! Ah! mon cher enfant, je n'ai plus que vous à aimer, je n'attends plus rien que de vous, de votre avenir! Et il est si beau! Ah! je vous en prie, je vous en supplie, ne me trahissez pas, vous, du moins, ne me volez pas votre gloire !

PIERRE.

Je n'en suis pas là, soyez tranquille, mon vieil ami; je n'ai pas le cœur si haut que le vôtre, ni si tendre! J'aime qui m'aime! On ne m'aime pas, je n'aime plus, voilà!

GRIGNEUX.

Eh bien! voyons! peut-être est-il encore temps. Cette jeune fille vous défend de la voir?

PIERRE.

Oui !

GRIGNEUX.

Et vous sentez-vous la force de lui obéir

PIERRE.

Oui !

GRIGNEUX.

De l'oublier ?

PIERRE, énergiquement.

Oui! oui! oui !

GRIGNEUX.

Alors, ne perdez pas une minute, allez-vous-en

ACTE DEUXIÈME

PIERRE.

Ce soir ?

GRIGNEUX.

Tout de suite !

PIERRE.

Ah ! c'est bien inutile. Elle m'a dit qu'elle n'assisterait pas à la soirée... Eh ! si, tenez ! je mens. Elle n'a pas dit non, elle a dit peut-être.

GRIGNEUX, le poussant doucement vers la porte.

Vous voyez bien, allez !

PIERRE, faisant un pas pour sortir.

Oui ! (Revenant.) Mais c'est que je devais prévenir Laversée que la Commission se réunit demain chez moi...

GRIGNEUX, insistant.

Je le préviendrai, allez !

PIERRE, faisant un pas pour sortir.

Oui ! (Revenant.) Ah ! mais dites donc, on m'a vu ici, ce ne serait pas poli peut-être...

GRIGNEUX, toujours insistant.

Je dirai que vous êtes souffrant, allez ! allez !

PIERRE, allant pour sortir et résolument.

Eh bien ! oui !

A ce moment, les portes du fond s'ouvrent et on aperçoit une autre porte du fond dans un salon, ouverte elle-même sur une salle à manger. Tous les invités, animés, rient très haut, parlent très fort, formant des groupes, traversent le salon et entrent dans le grand cabinet de Laversée. En tête, madame de Laversée donnant le bras à Saint-Marin, la baronne à Brascommié.

PIERRE, à Grigneux.

Ah ! les voici tous ! Ils sortent de table. Je ne peux plus m'en aller, maintenant, vous voyez, je ne peux plus...

GRIGNEUX, à part.

Pauvre enfant !

SCÈNE VIII

PIERRE, GRIGNEUX, MADAME DE LAVERSÉE, SAINT-MARIN, BRASCOMMIÉ, LA BARONNE LUNATI, DE LAVERSÉE lisant un papier à PÉGOMAS, LARVEJOL, CARACEL, Invités.

MADAME DE LAVERSÉE, au bras de Saint-Marin et très animée.

Non, non, trop en retard, depuis quelque temps, Lionel !

SAINT-MARIN.

Que voulez-vous, j'ai un client nouveau qui...

MADAME DE LAVERSÉE, ironique.

Oui, je crois *la* connaître...

Ils se disputent bas.

LA BARONNE, au bras de Brascommié et riant.

Ah ! ah ! ah ! mais qu'est-ce qu'il me raconte là ? Voulez-vous bien vous taire ?

BRASCOMMIÉ.

Écoutez la suite !

ACTE DEUXIÈME

LA BARONNE.

Vous êtes impossible, non !

BRASCOMMIÉ.

Mais ça finit par un mariage.

LA BARONNE.

Je n'aime pas les histoires qui finissent mal. (Elle le quitte et va à madame de Laversée.) Très réussi, ma chère, le dîner de « la Tomate »... une gaîté !... un entrain !...

MADAME DE LAVERSÉE, avec soulagement.

Et pas de Valentine !

LA BARONNE.

Très drôles, ces nouveaux !

MADAME DE LAVERSÉE.

Et presque convenables !

LA BARONNE.

Ah ! ça, j'y tiens moins.

MADAME DE LAVERSÉE.

Folle ! ah ! le café !

Les domestiques déposent le café sur la table.

LA BARONNE, montrant les invités.

Demandez-leur donc de nous dire quelque chose en attendant la Divette... une charge, n'importe quoi d'un peu...

MADAME DE LAVERSÉE.

Tout à l'heure, après le café !

Cardovent s'approche avec Grigneux pour saluer madame de Laversée.

LA BARONNE, l'apercevant.

Ah ! voici le héros de la fête !

PIERRE, à madame de Laversée, la saluant.

Madame !

MADAME DE LAVERSÉE.

Enfin, on vous voit chez moi, monsieur Cardevent.

LA BARONNE, à Pierre.

Ah ! mon cher maître, j'ai une grâce à vous demander, mais vous allez me la refuser.

PIERRE.

Faut pas me demander, alors ?

MADAME DE LAVERSÉE, à la baronne.

Oh ! non, plus tard votre questionnaire, baronne. Aidez-moi à servir le café, d'abord.

PÉGOMAS, à de Laversée toujours lisant.

Eh bien ! et votre toast ? Pierre est arrivé. Voici le moment.

DE LAVERSÉE.

Oui, une minute, le temps de relire. *Il s'échappe.*

PÉGOMAS, à lui-même.

Quel homme !

BRASCOMMIÉ, à Pégomas.

Dis donc, Pégo, elle est jolie, cette baronne !

PÉGOMAS.

Oui, mais pas pour magistrat... pour artiste.

ACTE DEUXIÈME

BRASCOMMIÉ.

Une spécialiste, alors ?

PÉGOMAS.

Il y a des femmes pour artistes, comme il y en a pour poètes, pour acteurs, pour militaires... il y en a bien pour ministres ! Et à propos, mes compliments ! le ministère est renversé d'avant-hier et te voilà substitut de ce matin.

BRASCOMMIÉ.

Oui, au Caligou, papa *fecit*, le trait du Parthe !

PÉGOMAS.

Du partant ! (Montrant les invités.) Mais quelle première pour « la Tomate », hein ?

LA BARONNE, à Brascommié, lui offrant une tasse.

Prenez-vous du café, monsieur ?

BRASCOMMIÉ.

De vos mains, madame, je prendrais tout !

CARACEL, suppliant.

Oh ! pas la cuiller.

La baronne s'éloigne.

MADAME DE LAVERSÉE, leur offrant des cigares.

Fumez-vous, messieurs ?

CARACEL, LARVEJOL, BRASCOMMIÉ, protestant.

Oh ! madame !...

MADAME DE LAVERSÉE.

Ne vous gênez pas, vous êtes dans votre atelier, ici... Cigare ou cigarette ? Pas de pipe, par exemple, il n'y a qu'à mon vieil ami Hugon que je la permets, car lui ôter sa pipe, ce serait...

LARVEJOL, gracieux.

Une amputation.

Elle s'éloigne.

CARACEL, fumant voluptueusement sur le canapé.

Larvejol ?

LARVEJOL, de même.

Ami ?

CARACEL.

On est bien dans le creux de cet arbre ?

LARVEJOL.

Oui, ami.

CARACEL.

C'est mieux qu'au Fleurus.

LARVEJOL.

Oui, ami.

CARACEL.

J'y reviendrai... mais Valentine me manque...

LARVEJOL.

Au fait ! (A madame de Laversée qui passe devant lui.) Est-ce que nous n'aurons pas le plaisir de voir mademoiselle Valentine ce soir ?

MADAME DE LAVERSÉE, sèchement.

Elle est malade !

SAINT-MARIN, à Larvejol.

Gaffeur !

LARVEJOL, à Saint-Marin.

Elle est malade ?

SAINT-MARIN.

Eh ! non, en disgrâce. Quand Hugon sera là, nous la ferons descendre, j'ai besoin d'elle. (Morton entre en ce moment et va saluer madame de Laversée.) Tiens ! Morton, justement !

MORTON, à madame de Laversée, après l'avoir saluée, et regardant autour de lui.

Oh ! oh ! Vous avez beaucoup de monde, aujourd'hui... Mademoiselle Valentine n'est pas ici ?

MADAME DE LAVERSÉE, avec une impatience croissante.

Ah !... Elle est malade !

SAINT-MARIN, à Larvejol, Caracel et Brascommié.

Hugon attachera le grelot, nous le soutiendrons... il fait ce qu'il veut ici. C'est un ancien de la mère Pélissac... il tutoie sa fille.

CARACEL.

C'est bien Hugon, le sculpteur, le membre de l'Institut, l'ami des jeunes ?

SAINT-MARIN.

Oui.

LARVEJOL.

Une grosse légume ! (Entre Lovel qui se dirige vers madame de Laversée.) Ce n'est pas lui qui entre là ?

SAINT-MARIN.

Non! ça, c'est Lovel, le Warwick des ministères.

MADAME DE LAVERSÉE, à Lovel qui la salue.

Ah! c'est gentil, ça. Vous n'oubliez pas mes lundis.

LOVEL.

Il faudrait vous oublier, et c'est impossible. (Regardant autour de lui.) Je ne vois pas mademoiselle Valentine?

MADAME DE LAVERSÉE, avec une colère croissante.

Ah! ah! ah! elle est malade! (Elle va à Hugon qui entre.) Ah! voici le plus fidèle de mes lundistes.

HUGON, à madame de Laversée.

Bonsoir, Juliette! Eh! mais, comme tu es belle, ce soir!

MADAME DE LAVERSÉE.

Ce soir?... insolent!

HUGON, après un coup d'œil sur les invités.

Et que de cravates blanches! (Tirant sa pipe.) On peut tout de même, hein? (Bas.) Qu'est-ce que c'est que cette jeunesse-là?

MADAME DE LAVERSÉE.

La « Tomate »!

HUGON, très haut.

Ah! ah! des jeunes gens de talent, de grand avenir!

MADAME DE LAVERSÉE, bas.

Tu trouves?

HUGON, de même.

Il faut bien que je leur en trouve dans l'avenir, pour

qu'ils m'en trouvent dans le passé! Oui, voilà où nous en sommes avec les jeunes aujourd'hui, nous autres vieux... Présente-moi donc!

MADAME DE LAVERSÉE.

Tu veux dire : Présente-les-moi.

HUGON.

Non, présente-moi plutôt! ça les flattera.

MADAME DE LAVERSÉE.

Comme tu deviens lâche!

HUGON.

C'est pour ne pas être lâché, mon enfant!
Madame de Laversée le présente aux jeunes gens. Poignées de main.

PÉGOMAS, bas, à Laversée.

Eh bien! ce toast? Êtes-vous prêt, enfin?

LAVERSÉE.

Pas trop!

CARACEL, LARVEJOL et CEUX DE « LA TOMATE », à Hugon.

Ah! monsieur Hugon! Très honoré! La « Tomate »! Maître!

HUGON.

Oh! les maîtres, c'est vous, jeunes gens! Je ne suis plus qu'un vieux pompier, moi! (Apercevant Pierre.) Ah! Cardevent! vous savez que Coltner fait promener votre *Chanson d'avril* en Amérique et qu'il y gagne un argent fou...

PÉGOMAS.

Messieurs! messieurs! un peu de silence! M. de Laversée va porter un toast à « la Tomate »:

TOUS.

Ah! très bien!

PÉGOMAS, bas, à Laversée.

Allez donc! allez donc!

LAVERSÉE, montrant son papier à Pégomas.

C'est bien mal écrit?

PÉGOMAS, bas, à Laversée.

Allez donc!

LAVERSÉE, près de la table, une tasse à la main. Pégomas le souffle par instants.

Messieurs... je lève mon verre...

LARVEJOL, à part.

C'est une tasse!

LAVERSÉE.

... Et je bois à « la Tomate »!

TOUS.

Bravo!

LAVERSÉE.

C'est-à-dire, je bois à la jeunesse, je bois au talent... je bois...

LARVEJOL, à part.

Quand aura-t-il tout bu?

LAVERSÉE.

Je bois au triomphateur d'aujourd'hui, à Pierre Cardevent!

ACTE DEUXIÈME

TOUS.

Bravo!

LAVERSÉE.

Dont la dernière stat... œuvre a révolutionné la sculpture moderne.

HUGON, très haut.

Bravo! (A part.) Je t'en moque!

LAVERSÉE.

A Caracel...

CARACEL, naïvement.

Moi? Bravo!

LAVERSÉE.

... Dont l'exposition des apartistes a donné à la peinture une orientation nouvelle.

TOUS.

Bravo!

HUGON, à part.

Leur dépotoir!

LAVERSÉE.

A Larvejol, qui, dans son roman d'hier, *Vierge et Nourrice*, a atteint l'ultime limite du roman suggestif et dont la pièce de demain, *Enceinte*, va enfin révéler la formule du théâtre nouveau, si longtemps promis et toujours attendu.

TOUS.

Bravo!

LAVERSÉE, perdant le fil.

Je bois, enfin, je bois à... à... toute « la Tomate »! (Longues acclamations, à Pégomas dans le bruit.) Ah! je ne peux pas lire, c'est trop fin!

LARVEJOL, dans le bruit.

Il y a eu du tirage!

BRASCOMMIÉ.

Ce n'est pas un orateur, c'est un rateur.

LOVEL, à Pégomas.

Eh bien! il est joli, le député que tu nous proposes! Je te conseille d'en chercher un autre!

PÉGOMAS, profond.

J'y songeais.

LA BARONNE, à Pierre.

Voyons, cher maître, je vais vous faire ma demande. Mais, je suis toute tremblante!

PIERRE, à part.

Qu'est-ce qu'elle me veut?

LA BARONNE.

Il s'agit d'un questionnaire. Venez, je vais vous expliquer cela, quelques mots et votre signature, mais consentirez-vous?

PIERRE.

Du moment que ce n'est pas un billet à ordre.

SAINT-MARIN, à Hugon.

C'est entendu, vous demanderez Valentine, nous vous soutiendrons!

HUGON, riant avec indulgence.

Oui! Ah! jeunesse!

MADAME DE LAVERSÉE, regardant Saint-Marin.

Qu'est-ce qu'ils complotent là? (Elle appelle.) Docteur!

SAINT-MARIN.

Madame!

Il va à elle.

GRIGNEUX, à Laversée.

Alors, cette jeune fille, cette Valentine, personne ne connaît sa naissance?

LAVERSÉE.

Personne! excepté nous... Oh! elle la connaîtra toujours assez tôt! Revenons à notre Murillo.

MADAME DE LAVERSÉE, à Saint-Marin.

Et vous êtes sûrs qu'ils viendront?

SAINT-MARIN.

Absolument!

MADAME DE LAVERSÉE, s'adressant aux invités.

Messieurs, en attendant la Divette et le Coq, qui vont venir...

TOUS.

Ah! Le Coq! bravo! bravo!

Coquelin entre. — Acclamations.

SCÈNE IX

Les Mêmes, COQUELIN CADET, Il salue, la main sur son cœur.

COQUELIN CADET.

Oh! messieurs!

LARVEJOL.

Quand on parle du Coq!

COQUELIN, reconnaissant les invités.

Tiens! Larvejol! Caracel! Et Brascommié! mais, toute « la Tomate », alors, toute la lyre! (A M. de Laversée.) Monsieur de Laversée, je mets à vos pieds!... (A madame de Laversée.) Madame, je me roule aux vôtres!

MADAME DE LAVERSÉE.

J'allais précisément demander à ces messieurs de nous dire quelque chose, mais à tout seigneur tout honneur, si vous voulez...

COQUELIN CADET.

Je ne suis venu que pour cela, et avant les fourberies, tout habillé. (Il entr'ouvre son pardessus et fait voir son costume de Scapin.) Je n'ai qu'une demi-heure, vite, vite! qu'est-ce que vous voulez que je vous dise?

Entre la Divette.

MADAME DE LAVERSÉE, allant à elle.

La Divette! Ah! qu'elle est gentille!

ACTE DEUXIÈME

LA DIVETTE.

Bonsoir, madame. (Apercevant Coquelin.) Ah! le Coq! Tu n'as pas encore travaillé de ton état?

COQUELIN.

J'arrive!

LA DIVETTE.

Quel bonheur, je vais entendre ça!

PIERRE, à part, découragé.

Allons! Elle ne viendra pas! (A Grigneux.) Partons-nous?

GRIGNEUX.

Oui, partons! c'est cela!

Ils vont lentement vers la porte.

LA BARONNE, à la Divette.

Et vous, mademoiselle, on vous entendra aussi, j'espère.

LA DIVETTE.

Oui, je vous ai gardé deux chansons inédites, et d'un raide!... mais comme il n'y a que moi de jeune fille ici... (Elle regarde autour d'elle.) Au fait, où est donc la belle Valentine?

Pierre redescend suivi de Grigneux.

COQUELIN.

Comment? Pas de Valentine?

SAINT-MARIN, bas, à Hugon.

Hugon, à vous!

HUGON, haut.

Tiens, c'est vrai, Juliette! Où est donc l'enfant?

MADAME DE LAVERSÉE, rageusement.

Elle est malade !

HUGON.

Malade? Laisse donc! Tu l'as mise en pénitence!... Allons, sois bonne, lève son écrou. Toute cette jeunesse la réclame, n'est-ce pas, mes enfants?

TOUS.

Oh! oui, madame!

GRIGNEUX, à Pierre qui est redescendu en scène quand on a parlé de Valentine.

Venez-vous?

PIERRE, à Grigneux.

Tout à l'heure!

BRASCOMMIÉ, à madame de Laversée.

Grâce! grâce!

CARACEL, de même.

Nous vous la demandons à genoux!

Ils se mettent tous les trois, Caracel, Larvejol, Brascommié, à genoux.

MADAME DE LAVERSÉE, exaspérée.

Ah! permettez!

HUGON.

Si! Si! nous voulons Valentine! il nous faut Valentine!

TOUS, sur l'air des lampions.

Valentine! Valentine! Valentine!

MADAME DE LAVERSÉE, à elle-même.

Ah! voilà le complot!

ACTE DEUXIÈME

HUGON, bas, à madame de Laversée.

Cède donc tout de suite!... pas d'incidents! pour qu'ils mettent ça, demain, dans leurs journaux! (Haut.) Accordé! Allons! je vais la chercher!

Hugon va vers la porte.

TOUS, joyeusement.

Ah!

Hugon sort.

MADAME DE LAVERSÉE, l'appelant.

Hugon? (Hugon sort. Furieuse, à la baronne.) Quand je vous disais que je ne suis plus la maîtresse chez moi!

Elle casse son éventail.

SAINT-MARIN, à madame de Laversée.

Ce Hugon est vraiment d'un sans-gêne!

MADAME DE LAVERSÉE.

Oui, oui, faites l'hypocrite, vous! c'est vous!...

Ils se disputent.

COQUELIN.

Dix heures et quart, madame, plus que vingt minutes.

LARVEJOL.

Dis-nous quelque chose, vite!

COQUELIN.

Mais quoi? Ah! au fait, la « Tomate » est là, si je vous disais la complainte du pauv' esculpteur?

TOUS.

Oui! oui! la complainte!

COQUELIN, regardant Brascommié.

Justement, l'auteur est...

BRASCOMMIÉ, suppliant, bas, à Coquelin.

Hum ! Cadet ! ne dis pas que c'est de moi.

COQUELIN, bas.

As pas peur, mon président ! (Haut.) Seulement, je vous avertis qu'elle est un peu...

LA BARONNE.

Oh ! tant mieux !

COQUELIN.

Non, pas inconvenante...

LA BARONNE.

Tant pis !

COQUELIN.

Mais un peu Chat-noir pour ces lambris dorés.

LA BARONNE.

Puisque c'est un atelier ! Nous sommes entre hommes.

CARACEL.

Va donc !

TOUS.

Va donc ! Allez donc ! La complainte !

COQUELIN.

Allons, la complainte du pauv' esculpteur... A moi « la Tomate » ! Une ! deux ! trois !

TOUS.

Ah ! quel malheur !...

COQUELIN, continuant, seul :

... d'être sculpteur !
C'est un chien de métier, pas d'erreur.

Pour être esculpteur, faut êt' braque.
Plus qu'on travaille, moins qu'on a l'sac ;
Avec el' marbre, el' praticien,
El' modèle ! non ! y a pas moyen !

TOUS, douloureusement.

Ah ! quel malheur !

COQUELIN.

Des statu's, l'bourgeois n'en veut pas
Rappor' à son plafond qu'est bas ;
Faudrait leu casser mains et pieds
Pour y vend' ça comm' press' papier.

TOUS, avec mépris.

Ah ! quel malheur !

COQUELIN.

Y a ben les command' ed' l'État,
Mais ça n'donne pas pour el' tabac.
Et puis faut trop fair' son lézard
Dans el ministère des Bazars.

TOUS, avec lassitude.

Ah ! quel malheur !

COQUELIN.

Les peintr' y sont ben pus heureux,
Y gagn' ed' l'argent gros comme eux,
Mais l'esculpteur, el' vrai artisse,
Lui, y n'gagne que des rhumatisses.

TOUS, plaintivement.

Ah ! quel malheur !

COQUELIN.

Ces messieurs peintr' y sont très chics,
L'jour y port' des pal'tots mastic,
El' soir, ils arbor' el' gibus
Et vont dans l'monde en omnibus.

TOUS, ironiquement.

Ah ! quel malheur !

COQUELIN.

Tout's les femm' is y cour' après
Pour y fair' tirer leu portrait
Parc'qui z'y maquill' leurs appas,
Mais d'esculpteur, y n'en faut pas !

TOUS, avec une colère mêlée de regrets.

Ah ! quel malheur !

COQUELIN.

L'esculpteur, on l'enfouit sous l'tertre,
A Montpernasse ou à Montmertre,
Emboîté dans l'sapin blanchi,
C'est toujours assez bon pour lui.

TOUS, lugubrement.

Ah ! quel malheur !

ACTE DEUXIÈME

COQUELIN.

Mais l'peintr', on l'monte au Pèr'-Lachaise
Il s'en va là bien à son aise,
Dans un bon chêne et plomb, et d'ssus,
L'habit au cresson de l'Institut !

TOUS, avec une indignation rageuse.

Ah ! quel malheur !

Explosion d'enthousiasme, rires, bravos.

SCÈNE X

LES MÊMES, HUGON donnant le bras à VALENTINE.

HUGON, annonçant.

Mademoiselle Valentine ! Monsieur Hugon !

TOUS.

Ah !

VALENTINE, à part, regardant Pierre.

Il est resté ! (Haut, à madame de Laversée.) Vous m'avez fait prier de descendre, madame ?

MADAME DE LAVERSÉE, lui tournant le dos.

Non !

HUGON.

Si, si, tu n'as rien dit. Qui ne dit mot consent. (A Valentine en lui lâchant le bras.) Allons, va ! toi... Et tâche d'être plus gaie.

CARACEL, à Valentine.

Ah! mademoiselle, enfin!

COQUELIN, de même.

Si vous saviez avec quelle impatience!...

Tous les jeunes gens l'entourent.

CARACEL, à Larvejol.

Non, elle est trop jolie, tu sais, moi...

Il lui parle bas à l'oreille.

LARVEJOL, à Caracel.

Tiens, et moi aussi!

PIERRE, qui les a entendus, furieux.

Oh!

Il fait un mouvement pour s'élancer sur eux.

GRIGNEUX, l'arrêtant.

Allons, mon ami, venez!

PIERRE.

J'ai envie de leur casser les reins!

MADAME DE LAVERSÉE, à la baronne, lui montrant les jeunes gens autour de Valentine, et exaspérée.

Tenez! regardez-les tous autour d'elle, ça recommence. Oh! mais je ne veux plus de cette fille-là chez moi, je n'en veux plus! (se contenant, à la Divette.) Eh bien, mademoiselle, nous sommes à votre disposition. Êtes-vous prête?

LA DIVETTE.

Quand vous voudrez, madame, mais il n'y a pas de piano ici!

MADAME DE LAVERSÉE.

Nous allons passer au salon !

SAINT-MARIN, bas, à Valentine.

Vite, un mot à Morton, je vous en prie, il est derrière vous.

Valentine va parler à Morton.

MADAME DE LAVERSÉE, qui a vu le mouvement.

Il lui a parlé bas. Est-ce assez clair ?

LA BARONNE, à madame de Laversée.

Cardevent m'a promis un croquis, ma chère, ayez donc l'obligeance d'envoyer chercher mon album, sur la table de l'antichambre.

MADAME DE LAVERSÉE, nerveuse.

Parfaitement ! (A Valentine.) Valentine ?

VALENTINE.

Madame ?...

MADAME DE LAVERSÉE.

Allez chercher l'album de la baronne, sur la table, dans l'antichambre.

BRASCOMMIÉ, se précipitant.

Ne vous dérangez pas, mademoiselle, j'y vais.

TOUS, de même.

Nous y allons tous.

MADAME DE LAVERSÉE, avec une bonhomie hautaine.

Messieurs, messieurs, ne gâtez pas mes femmes.

VALENTINE.

Oh !

Silence. Pierre fait un mouvement de colère.

GRIGNEUX, l'arrêtant.

Pierre !

PIERRE.

Emmenez-moi, tenez, je ferais quelque bêtise !

Ils sortent sans être vus.

MADAME DE LAVERSÉE.

Allons, messieurs, allons écouter la Divette. Qui m'aime me suive !

Les jeunes gens restent autour de Valentine.

VALENTINE, à ceux qui l'entourent et la consolent, et qu'elle éloigne doucement.

Je vous en prie, messieurs !... Oh ! que m'importe ce qu'elle dit !...

SAINT-MARIN, les poussant vers la porte du fond.

Allez donc, messieurs, allez donc ! C'est inconvenant, à la fin !

CARACEL, en sortant.

Oui, tu la gardes pour toi, malin !

LARVEJOL.

Égoïste ! Veinard !

TOUS LES DEUX, en regardant Valentine.

Ah ! quel malheur !

Ils sortent tous, sauf Valentine.

SCÈNE XI

VALENTINE seule, puis SAINT-MARIN.

VALENTINE, seule.

Il n'osait pas me parler devant tout ce monde ! Maintenant que je suis seule, il viendra peut-être ! Ah ! je n'ai ni raison ni courage, mais puisque c'est la dernière fois...

La porte de gauche s'ouvre doucement et Saint-Marin entre avec précaution.

SAINT-MARIN, à part, en la regardant.

Il faut brusquer ça !

VALENTINE, sans se retourner, à part.

C'est lui !

SAINT-MARIN, bas.

Valentine !

VALENTINE, surprise, se retournant.

Vous ! (Se rappelant.) Ah ! oui, Morton... Eh bien, il consent, vous serez appelé demain à l'ambassade.

SAINT-MARIN, ravi.

Demain !... Tenez, je vous adore !

Il se jette sur ses mains qu'il embrasse passionnément. On entend, dans le salon à côté, la voix de la Divette qui chante et le piano qui l'accompagne jusqu'au baisser du rideau.

VALENTINE.

Qu'est-ce que vous dites ?

SAINT-MARIN.

Je dis que je vous adore ! Et que vous le savez bien ! Et que vous avez tout fait pour cela !

VALENTINE.

Moi?

SAINT-MARIN.

Oui, oui, pourquoi m'avez-vous fait la cour? Si c'était un jeu, il ne fallait pas le jouer. Je m'y suis pris! tant pis! Je vous aime! Je vous aime! Je vous aime!

VALENTINE.

Vous osez?... vous! ici! chez elle!

SAINT-MARIN, à part.

J'aimerais mieux chez moi!

VALENTINE.

Vous, que je croyais mon ami...

SAINT-MARIN.

Les jolies femmes n'ont pas d'amis!

VALENTINE, pleurant.

Oh! comme j'ai été coupable et comme je m'en repens!

SAINT-MARIN.

Voyons, Valentine, voyons! Mais qu'elle est donc enfant!... mais ce n'est plus Titine, mais on me l'a changée! Pour une pauvre petite déclaration!... On vous en a bien fait d'autres! Je vaux bien le petit Méximieux, après tout!

VALENTINE.

Allez-vous-en!

SAINT-MARIN.

Non, mais, ma parole d'honneur, je ne vous comprends pas. Ah! je vous croyais plus forte que ça. Mais pensez donc à ce que je vous ai dit! Vous savez bien qu'ici vous ne vous marierez jamais, que vous n'avez pas d'avenir... tandis qu'avec moi...

VALENTINE.

Oh! allez-vous-en, je vous en prie!

SAINT-MARIN, à ses genoux, le bras autour de sa taille.

Non, non! c'est moi qui vous en prie, Valentine!...

SCÈNE XII

Les Mêmes, MADAME DE LAVERSÉE, entrant brusquement par la porte de gauche. Derrière elle, on aperçoit la tête de la femme de chambre, qui regarde la scène par la porte entre-bâillée.

MADAME DE LAVERSÉE, à Valentine.

Je te chasse!

VALENTINE, se levant.

Ah!

SAINT-MARIN.

Mais, madame, je vous jure...

MADAME DE LAVERSÉE.

Et vous aussi, je vous chasse! Oui, tous les deux! Je vous chasse tous les deux!

VALENTINE, tombant assise.

Je suis perdue!...

SAINT-MARIN, s'inclinant devant elle.

Pardon, mademoiselle!

Il pousse les battants de la porte du fond, milieu, pour entrer au salon, et on aperçoit les invités qui rient et applaudissent avec enthousiasme la fin d'un couplet de la Divette.

Rideau.

ACTE TROISIÈME

Même décor qu'au premier acte. — L'atelier de Pierre. Deux mouleurs travaillent au plâtre de la statue de Laversée. Elle est presque entièrement terminée et de grandeur monumentale. Tout en travaillant, chacun d'eux chante successivement un couplet d'une scie. Tous les deux appuient sur les troisième et septième vers du couplet, en manière de refrain.

SCÈNE PREMIÈRE

DEUX MOULEURS.

Air : *Monsieur et madame Denis.*

PREMIER MOULEUR.

Le colonel des dragons
Dit que l'escadron,

TOUS LES DEUX.

Fra ! Front !

PREMIER MOULEUR.

Au commandement de front,
 Messieurs les dragons *(bis)*.
Au commandement de front,
 Messieurs les dragons,

ACTE TROISIÈME

TOUS LES DEUX.

Front! Front!

PREMIER MOULEUR.

A quelle heure, cette commission?

DEUXIÈME MOULEUR.

Une heure! Non, midi! C'est avancé!

PREMIER MOULEUR.

Quand on voudra, nous sommes parés!

Ils ramassent leurs outils, en chantant.

TOUS.

Le capitaine des dragons...

SCÈNE II

LES MÊMES, PÉGOMAS, entrant.

PÉGOMAS.

Pierre n'est pas chez lui?

PREMIER MOULEUR.

Non, monsieur Pégomas. Il voulait travailler ce matin, ça n'allait pas... il est parti.

Ils prennent leurs outils.

PÉGOMAS.

Vous avez fini?

DEUXIÈME MOULEUR.

La statue, oui. Mais il y a encore un petit quelque chose à terminer à la maquette de l'ensemble, au piédestal, là, dans l'autre atelier.

Il montre la porte de droite.

PREMIER MOULEUR.

L'affaire de cinq minutes, et puis, nous irons déjeuner.

DEUXIÈME MOULEUR.

Et pour ne pas vous déranger, nous passerons par la rue.

PÉGOMAS.

C'est ça, et si vous rencontrez Pierre, envoyez-le-moi !

PREMIER MOULEUR.

Entendu ! Bonjour, monsieur Pégomas !

PEGOMAS.

Bonjour.

Ils sortent tous les deux par la droite en fredonnant.

> Le lieutenant des dragons
> Dit que l'escadron
> Fra ! Front !

PÉGOMAS, seul, tirant un portefeuille bourré de papiers.

Voyons ma journée ! (Ouvrant son portefeuille.) Que d'affaires ! (Il en tire un journal.) Ah ! Brascommié d'abord (Il lit.) Relisons *le Petit Var*.

SCÈNE III

PÉGOMAS, CARACEL, LARVEJOL.

CARACEL.

Eh bien, Pégo, comment va aujourd'hui?

PÉGOMAS, occupé à lire et à prendre des

Ah! vous voilà, vous autres deux!

LARVEJOL.

Oui, nous venons voir la Commission, nous!

CARACEL.

Mais, quel dîner, hier, hein? Quelle fête!

PÉGOMAS.

Oui, quelle fête!... Jeanron en est malade.

CARACEL.

Manque d'habitude!

PÉGOMAS.

J'ai envoyé chercher Saint-Marin.

CARACEL.

A propos de Saint-Marin, sais-tu qu'elle est nement belle, madame Juliette de Laversée, née Pélissac?

LARVEJOL, avec sentiment.

Et Valentine, donc! Ah! Valentine!... En voilà une qui

me ferait oublier la pudeur naturelle à mon sexe. Tiens ! Claudius, tu me croiras si tu veux, mais cette enfant-là, vois-tu, elle n'aurait qu'un mot à dire, et, ma parole d'honneur, je crois qu'elle m'obtiendrait.

PÉGOMAS.

Allons, poète, moineau lascif !

LARVEJOL.

Après ça, la petite baronne m'irait bien aussi.

CARACEL.

Oui, mais celle-là n'est pas pour ton nez, mon gas, c'est Pierre qui a le questionnaire.

LARVEJOL.

Eh bien ?

CARACEL.

Comment, tu ne connais pas le coup du questionnaire? Mais, c'est un truc à elle pour savoir si elle plaît à ceux qui lui plaisent, une invite à la déclaration sous forme de demandes. Quelle femme préférez-vous? brune! blonde? grande? petite? etc... Et si l'on met un « oui » devant chacun des traits qui caractérisent son genre de beauté... Alors, eh bien, alors... Enfin... elle se charge du reste!

LARVEJOL, plaintif.

Oh! pourquoi ne me l'a-t-elle pas donné à moi, plutôt qu'à cet animal de Cardevent que ça avait l'air d'embêter. Au fait, où est-il donc, Pierre?

PÉGOMAS.

Pierre, est-ce que je sais? Il ne vient pas. Les autres non plus. Je les ai pourtant prévenus que j'avais avancé l'heure de la Commission.

CARACEL.

Comment? avancé l'heure...

PÉGOMAS.

Eh! il le fallait bien, après le four de Lovel, hier soir. Va-t-il pas parler de la statue et de la Commission devant la patronne? Vous comprenez la fureur! Elle nous a menacés de venir ici aujourd'hui faire une scène ridicule, et pour l'éviter, j'ai avancé l'heure.

LARVEJOL, déçu.

Ah! il n'y aura pas de potin, alors?

CARACEL.

Et nous qui ne venions que pour ça.

PÉGOMAS.

Eh bien, vous pouvez vous en aller. Madame de Laversée arrivera une heure trop tard, c'est-à-dire, si ces commissionnaires sont exacts. Et voyez s'ils arrivent!... Avec ça j'ai des rendez-vous par-dessus la tête... c'est intolérable!

CARACEL.

Ce Pégo, toujours en pression!

Brascommlé entre.

PÉGOMAS, allant à lui.

Ah! tu as reçu mon télégramme?

SCÈNE IV

Les Mêmes, BRASCOMMIÉ.

BRASCOMMIÉ.

Oui, et j'accours! Qu'est-ce qui se passe?

PÉGOMAS.

As-tu lu le *Petit Var?*

BRASCOMMIÉ.

Pourquoi?

PÉGOMAS.

Le fermier du Rocas, tu le connais bien... Follioule. Il est mort.

BRASCOMMIÉ.

Eh bien, Marlborough aussi, qu'est-ce que ça me fait?

PÉGOMAS.

Mais il est mort assassiné, et la justice a mis la main sur le coupable.

LARVEJOL.

Ça, c'est extraordinaire!

PÉGOMAS.

Voyons, ne blaguez pas, vous autres deux; il s'agit d'affaires sérieuses. L'assassin est le valet du fermier, l'amant de sa femme, bien entendu. Il avait déjà tenté d'empoisonner la victime : adultère, meurtre, empoisonnement, tout y est... c'est une chance inespérée.

CARACEL.

Pour Follioule?

PÉGOMAS.

Voyons ! voyons !

BRASCOMMIÉ.

Pour qui, alors ?

PÉGOMAS.

Pour nous deux.

BRASCOMMIÉ.

Je ne comprends pas.

PÉGOMAS.

Tu ne... Et quand cette affaire viendrait-elle... hein?

BRASCOMMIÉ.

En novembre.

PÉGOMAS.

Et à quelle cour, hein?

BRASCOMMIÉ.

Au Caligou.

PÉGOMAS.

Et qui est-ce qui sera ministère public au Caligou, en novembre, hein?

BRASCOMMIÉ.

Mais c'est moi. Ah!
Il va pour l'embrasser.

PÉGOMAS, calme, le repoussant.

Attends un peu ! L'affaire aura un retentissement énorme. Cela te regarde. Mais il y en a deux autres qui n'en auront pas moins : ce sont les élections, et l'inauguration du monument Laversée, et celles-là me regardent, moi. Si elles viennent l'une après l'autre, elles se nuisent ; si elles viennent ensemble, elles se servent. Il faut donc nous arranger pour qu'elles viennent toutes les trois, en même temps, afin de bénéficier tous deux de leurs trois publics.

BRASCOMMIÉ.

Très malin !

PÉGOMAS.

De cette façon, la presse, la magistrature, l'armée, le préfet, le ministre, les électeurs, nous aurons tout, entends-tu, tout ! Je te dis que ça peut être énorme, et nous serons bien maladroits, si nous ne sortons pas de là, toi, avocat général, et moi... Enfin, je m'entends... comprends-tu maintenant, bédigas ?

CARACEL.

Est-il beau ?

LARVEJOL.

Tiens, Pégomas, on élève des statues à des gens qui ne te valent pas.

CARACEL, montrant la statue de Laversée.

Exemple !

PÉGOMAS.

Ça viendra ! En attendant, il faut aller au Caligou. Nous partons demain.

BRASCOMMIÉ, hésitant.

C'est que... il y a...

PÉGOMAS.

Il n'y a rien... il faut partir.

BRASCOMMIÉ, hésitant.

J'aurais voulu, auparavant... la baronne m'a donné son questionnaire...

LARVEJOL, surpris.

A toi aussi?

CARACEL, de même.

Un magistrat! Pas si spécialiste, alors, la petite baronne?

BRASCOMMIÉ, modeste.

J'aurais voulu... le lui reporter, tu comprends?...

PÉGOMAS.

Eh! le diable soit des femmes!... Il s'agit bien des femmes!... Tu le lui reporteras à ton retour! Nous partons demain.

BRASCOMMIÉ, résolu, va pour sortir par la droite.

Eh bien, oui, là!... Je vais faire mes malles.

CARACEL, le suivant.

Allons faire les malles!

BRASCOMMIÉ, à Larvejol, qui suit Caracel.

Comment, toi aussi?

LARVEJOL.

Oh! du moment qu'il n'y a plus de potin!... Mais tu me donneras son questionnaire.

BRASCOMMIÉ.

Ah! mais non!

CARACEL.

Non! Pas à lui, à moi!

BRASCOMMIÉ, se défendant.

Mais, du tout! Allons donc!

Ils se disputent tous les trois.

PÉGOMAS.

Ah çà, mais vous ne pensez qu'aux femmes, vous autres?

BRASCOMMIÉ.

Et toi, tu n'y penses donc jamais?

PÉGOMAS.

Quelquefois, si, mais... je marche un peu, et ça se passe. (Rires. Pégomas les pousse vers la droite et les fait sortir tous les trois.) Allez! allez! (Apercevant Lovel qui entre par le fond.) Ah! le premier commissaire...

SCÈNE V

PÉGOMAS, LOVEL.

LOVEL.

Seul?

PÉGOMAS.

Oui, et ça tombe bien, j'ai à te parler... Dis donc, tu n'as pas une rue à me prêter?

LOVEL, étonné.

Une rue ?

PÉGOMAS.

Une rue, une place, un passage, n'importe quelle voie à baptiser.

LOVEL.

Rue Pégomas ?

PÉGOMAS.

Eh non, rue Pélissac. Ton indiscrétion d'hier m'a fait de madame Juliette une ennemie. Cette statue à l'oncle de son mari l'a mise hors d'elle, et quand elle saura que Laversée se porte à la députation, elle est capable de faire échouer ma candidature.

LOVEL.

Comment, tu ?...

PÉGOMAS, se reprenant.

Non ! pardon ! celle de son mari ! c'est un *lapsus*. Il faut absolument la ramener, tu lui dois une compensation. Voyons, Lovel, tu as le ministère dans tes mains, le conseil municipal à tes pieds. L'oncle Laversée a une statue, il faut que la mère Pélissac ait une rue, une amorce, un tronçon, ce que tu voudras.

LOVEL.

Une impasse ?

PÉGOMAS.

Oh ! non, cul-de-sac Pélissac, ça rime trop.

LOVEL.

A Paris, impossible! Mais, attends donc! est-ce qu'elle n'avait pas une maison de campagne, cette pastelliste?

PÉGOMAS.

Si... à Conflans.

LOVEL.

Seine-et-Oise? bon! Je connais le préfet, c'est entendu.

PÉGOMAS.

Ah! mon vieux Lovel!... (Hugon et Laversée paraissent au fond.) Le second commissaire! Occupe Laversée, j'ai aussi quelque chose à demander à Hugon.

LOVEL.

Toujours pour elle?

PÉGOMAS.

Non, pour le mari, s'il échouait, et qu'un autre fût nommé, tu comprends?...

LOVEL.

Oui, je commence... (A part.) Tiens! tiens!

Il va au-devant de Laversée et le chambre pour laisser Hugon à Pégomas.

SCÈNE VI

LES MÊMES, HUGON, LAVERSÉE.

PÉGOMAS.

Entrez, messieurs! (Tirant Hugon à part.) Hugon, deux mots!... J'ai rencontré ce matin le critique Nointot... Il me paraît bien malade, votre confrère à l'Institut.

HUGON.

Oui, il n'y vient plus guère.

PÉGOMAS.

Eh bien, dans le cas où il n'y viendrait plus du tout, pourquoi ne nommeriez-vous pas Laversée à sa place?

HUGON.

Aux Beaux-Arts?

PÉGOMAS.

Membre libre.

HUGON.

Il n'a rien fait!

PÉGOMAS.

Membre libre.

HUGON.

Il n'est pas connu?

PÉGOMAS.

Pas connu, Laversée? Et son oncle? et les Mémoires? La députation? Et la statue?...

HUGON.

Tout ça, c'est du bruit, ce n'est pas du talent.

PÉGOMAS.

Et l'on réussit plus aujourd'hui par le bruit que l'on fait que par le talent qu'on a.

HUGON.

Tout ce qu'il écrit est banal.

PÉGOMAS.

On ne le lit pas.

HUGON.

Assommant!

PÉGOMAS.

Ça s'appelle sérieux.

HUGON.

Incompréhensible.

PÉGOMAS.

Force énorme! On ne commence à admirer que quand on cesse de comprendre.

HUGON, résolument.

Ah! non.

PÉGOMAS.

Non? Hum! Je voulais vous dire aussi : J'ai entrepris une série d'articles sur les membres de votre Académie... J'aurais besoin de renseignements... Puis-je aller vous voir?

HUGON, aimable.

Comment donc! mais c'est moi qui irai chez vous... Ah! vous avez entrepris?... Ce cher Pégomas... un vrai jeune!... Voyons, vous tenez beaucoup à cette élection de Laversée?

PÉGOMAS.

Comme à la mienne.

HUGON, lui tendant la main.

Nous en recauserons.

ACTE TROISIÈME

PÉGOMAS, à part.

Ça y est !

LAVERSÉE.

Mais, pourquoi ne commencez-vous pas, Hugon ?... (On ouvre la porte, effrayé.) Ma femme !

PÉGOMAS, bas, à Laversée.

N'ayez donc crainte, elle ne viendra pas avant trois quarts d'heure.

Grigneux et Pierre entrent.

SCÈNE VII

Les Mêmes, GRIGNEUX, PIERRE.

GRIGNEUX, du fond.

Pardon, messieurs, nous sommes en retard ?

LOVEL.

Non, nous arrivons !

HUGON.

Et, d'ailleurs, notre visite n'est qu'une simple formalité, quand il s'agit du jeune maître... Bonjour, Pierre.

PIERRE, sombre.

Bonjour !

GRIGNEUX, bas, à Pierre.

Allons, mon ami, reprenez-vous, dominez-vous.

PIERRE.

Oh! tout ça m'ennuie!

PÉGOMAS, montrant la statue.

Eh bien, monsieur, n'est-ce pas que c'est beau?

HUGON.

Beau? Un chef-d'œuvre tout bonnement!

PÉGOMAS.

Est-il assez 1830, hein? Et campé?

LOVEL.

Oui, le poète, le fonctionnaire, l'orateur, tout y est. C'est admirable, jusqu'aux détails qui...

HUGON, tournant autour de la statue.

Et l'ensemble, donc?... Et la silhouette? de tous les côtés... Regardez-moi ça! Allons, c'est plus fort que nous autres vieux. Nous n'avons plus qu'à faire nos paquets... Ah! il n'y a que les jeunes gens, voyez-vous! Ils entrent dans la lumière, nous entrons dans l'ombre. Nous sommes le passé; ils sont l'avenir... (A part, derrière la statue.) Par derrière, avec son habit, il a l'air d'un cerf-volant à pattes! (Haut.) Un chef-d'œuvre...

LOVEL.

Superbe!

PÉGOMAS.

Magnifique!

HUGON.

Renversant!

Ils parlent tous à la fois.

PÉGOMAS.

N'est-ce pas? Ah! ah! Eh bien!... Et vous, monsieur de Laversée, voyons, vous ne dites rien?

LAVERSÉE, inquiet, tirant sa montre.

C'est que je voudrais... voir le piédestal.

PÉGOMAS.

Et voilà tout ce qu'une pareille œuvre vous inspire? Et vous ne sentez pas comme moi l'irrésistible envie d'apostropher ce bronze?

LAVERSÉE.

C'est du plâtre!

PÉGOMAS.

Je le vois en bronze, moi! Mais pensez donc que c'est vous qui, à l'inauguration, prononcerez le premier discours.

LAVERSÉE.

Moi? Oh bien, par exemple!...

PÉGOMAS.

Et sur la grande place octogonale de Caligou, devant un peuple immense.

LAVERSÉE.

Si vous croyez me rassurer!... Je n'ai même pas idée de ce qu'on pourrait dire.

PÉGOMAS, sursautant.

Comment? ce qu'on pourrait?... (Se posant devant la statue.) Citoyens! Aussi loin qu'ils peuvent s'étendre, promenez vos regards aux quatre coins de l'horizon, voyez-vous cet océan d'hommes qui emplit du bruit de sa houle, et bat de ses flots pressés les murs trop étroits de notre cité ? Artisans, guerriers, magistrats, toutes les forces vives du pays se sont ici donné rendez-vous. C'est le résumé de la Patrie. Et que vient-il faire ce peuple qui salue de ses vivats cette statue magnifique ? Vient-il, comme au bon temps, admirer par ordre l'image d'un monarque soi-disant bien-aimé ?... ou la tête altière d'un conquérant gorgé de sang et d'or ? Non, citoyens, il vient librement applaudir à l'exaltation d'un peuple comme lui, d'un travailleur comme lui, d'un républicain comme lui !...

LOVEL, HUGON et LAVERSÉE.

Très bien !

PÉGOMAS.

Et j'irais comme ça tant qu'on voudrait, moi ! (Reprenant sa pose.) Républicain, oui ! Auguste-Abdon de Laversée l'était jusqu'aux moelles ; seulement il aimait passionnément son pays. Aussi, pendant quarante-cinq ans, sous tous les gouvernements que la France a subis et qu'il méprisait, il lui consacra sa vie. Ah ! citoyens, pendant ces quarante-cinq années, tour à tour, maire, préfet, député, académicien, ministre, pensez à ce qu'il a dû souffrir !

LAVERSÉE, à lui-même.

Étonnant !

LOVEL, de même.

C'est qu'il croit que c'est arrivé !

PÉGOMAS.

D'autres vous diront la profondeur de son sens politique, la hauteur de son génie littéraire. Je laisse cette lourde tâche à des voix plus fortes que ma faible voix. — Représentant ici la famille héritière de ses vertus, c'est de ses vertus que je dois vous parler. Mais, comment le ferais-je?... Ce sage cachait sa vie, sa modestie se plaisait à épaissir l'ombre, sur le mystère de ses bienfaits. Il en est un pourtant que je pourrais citer : La preuve en est là, devant vous, sous les traits charmants de cette touchante orpheline, de cette Valentine qu'il avait prise à la pauvreté et à l'abandon pour l'élever comme son enfant. Mais je m'arrête... Dans ce jour consacré à de viriles joies, je ne veux pas faire couler de vos yeux, si douces soient-elles, les larmes que je sens monter aux miens! (Très ému.) Oui, Auguste, Abdon de Laversée, d'autres diront que tu fus un grand citoyen, un grand ministre, un grand poète, moi, je dis : Tu fus un grand cœur !

Il se laisse tomber sur une chaise en pleurant.

HUGON, allant à lui.

Eh bien? Eh bien?

LOVEL, à part.

C'est qu'il pleure réellement !

GRIGNEUX, à part.

Cabotin !

LAVERSÉE, à Pégomas.

Mais vous ne l'avez jamais vu.

PÉGOMAS.

Eh! que ça fait-il?... Ce grand homme!... Tout ce monde!... Vous ne comprenez pas ça, vous autres, gens du Nord... vous ne sentez rien... vous êtes en bois !

LOVEL, à part, regardant Pégomas.

Ça, c'est un homme à prendre.

LAVERSÉE, se dirigeant vers la porte de droite.

Messieurs, l'heure passe... allons voir le piédestal.

LOVEL, à part, regardant Laversée.

Et ça un homme à débarquer ! (Allant à Pégomas.) Dis donc toi ?...

PÉGOMAS, gai.

Allons voir le piédestal !

LOVEL.

C'est ça ; et une fois vu, je t'emmène place Beauvau.

PÉGOMAS.

Moi ?

LOVEL.

Oui, je veux te présenter au ministre.

PÉGOMAS.

Au... Avec Laversée ?

LOVEL.

Ne me fais donc pas poser.

Ils se regardent en riant.

LAVERSÉE, sortant par la porte de droite.

Par ici, messieurs, par ici !

PÉGOMAS, à Pierre.

Tu ne viens pas ?

PIERRE.

Pourquoi faire ?

PÉGOMAS.

Ce serait plus correct. Enfin, on pardonne tout au génie.

(A madame Cardevent qui entre.) Eh bien, madame Cardevent votre fils a fait encore un chef-d'œuvre. Ces messieurs sont enchantés.

MADAME CARDEVENT.

Vous êtes bien honnête, monsieur Pégomas. (Pégomas sort par la droite avec Lovel et Hugon. Bas à Grigneux, montrant Pierre) Ça ne va pas, hein?

GRIGNEUX, de même.

Je lui ai dit tout ce que je pouvais lui dire... A votre tour.

MADAME CARDEVENT, de même.

Revenez bientôt, je ferai ce que vous me direz... Je n'a plus confiance qu'en vous.

Grigneux sort par la droite.

SCÈNE VIII

PIERRE, MADAME CARDEVENT.

MADAME CARDEVENT, prenant un balai.

Mon Dieu, comme c'est sale ici!

Elle balaie l'atelier.

PIERRE.

Laisse donc!

MADAME CARDEVENT.

Non, c'est plus fort que moi, je ne peux pas voir ça. (Tout en balayant, elle regarde Pierre. Silence.) Ces messieurs sont très contents de ton travail, il paraît ? (Silence. A part.) Ça ne va pas du tout. (Haut.) J'ai voulu te voir avant d'aller à la messe... Tu as déjeuné ?

PIERRE.

Non !... je ne sais pas... si !

MADAME CARDEVENT.

Je suis déjà venue ce matin, mais tu étais sorti.

PIERRE.

J'avais mal à la tête.

MADAME CARDEVENT.

C'est la fatigue. Tu es rentré tard hier ?

PIERRE.

Non !

MADAME CARDEVENT.

Tu t'es bien amusé ?

PIERRE.

Non.

MADAME CARDEVENT.

Il y avait beaucoup de monde ?

PIERRE.

Beaucoup.

MADAME CARDEVENT.

Et tu as vu... cette...

PIERRE.

Eh bien, oui, je l'ai vue... mais ce sera la dernière fois,

sois tranquille. Elle sait ce que tu penses d'elle. Elle ne veut plus me voir... elle me l'a dit.

MADAME CARDEVENT.

Elle t'a dit ça; c'est bien !

PIERRE, amèrement.

Tu trouves, toi ?

MADAME CARDEVENT.

A moins que ce ne soit qu'une ruse ! (Mouvement de Pierre.) Ah ! elle ne serait pas la première qui se sauve pour qu'on lui coure après.

PIERRE.

Comme tu la détestes !

MADAME CARDEVENT.

Je ne la déteste pas, je la plains... mais je la crains.

PIERRE.

Tiens, ne parlons plus d'elle, veux-tu ? ça ne nous réussit pas. (silence.) Mais, enfin, qu'est-ce que tu as contre elle ?

MADAME CARDEVENT.

Moi ? Je ne la connais pas ?

PIERRE.

Alors, pourquoi la repousses-tu ?... Parce qu'elle est pauvre ?

MADAME CARDEVENT.

S'il n'y avait que ça !... Je n'avais ni sou ni maille quand ton pauvre père m'a épousée, et il ne s'en est pas repenti.

PIERRE.

Parce qu'elle est sans famille?

MADAME CARDEVENT.

Non. Et pourtant elle en aurait une, ça n'en vaudrait que mieux. Il y a toujours plus de chances de savoir où quelqu'un va quand on sait d'où il vient. Et qu'est-ce qui le sait? Pas même elle. On ne le lui a jamais dit. Et si on ne le lui a pas dit, pour sûr, ce n'est pas beau. Mais enfin ça n'est pas sa faute et nous ne sommes pas des Mémorency, après tout.

PIERRE.

Eh bien, alors?

MADAME CARDEVENT.

Eh bien, alors, ce n'est pas tout. Épouser une jeune fille, sans le sou, qui a toujours vécu de la richesse des autres et ne sait pas faire œuvre de ses dix doigts, ça ne serait qu'une bêtise; mais faire entrer dans notre famille une jeunesse dont on raconte tout ce qu'on en raconte, ça ce serait le malheur de ta vie et la honte de la mienne. Ton père aurait dit non, je dis non! Nous ne sommes pas des Mémorency, possible! mais nous sommes d'honnêtes gens et je veux que ma bru soit une honnête fille.

PIERRE.

Et, parce qu'elle est calomniée, elle n'est pas honnête, alors?

MADAME CARDEVENT.

Oh! je n'entends rien à ces finasseries-là, moi. La réputation et l'honnêteté, c'est la peau et la chair; quand l'une n'est pas bien portante, c'est que l'autre est malade. Mais pense donc à cette histoire du Móximieux?

ACTE TROISIÈME

PIERRE.

Ah! toujours! Eh bien, va la trouver, demande-lui la vérité, dis-lui...

MADAME CARDEVENT.

Quoi? — « Mademoiselle, est-ce vrai que vous avez fauté avec un petit peintre qui vous a plantée là pour filer dans les colonies? » Et tu crois qu'elle me répondra : « Oui, madame! » Allons donc! Ah! mon pauvre garçon, que ce soit justement celle-là dont tu te sois entiché! Et je m'en doutais! La première fois que je l'ai vue entrer ici comme chez elle, je me suis dit : Voilà une gaillarde qui nous donnera du fil à retordre!

PIERRE.

Mais, pour la centième fois, ne parlons plus d'elle, je l'aime!

MADAME CARDEVENT.

Eh! non, mon ami... tu le crois, parce qu'elle est belle fille, bien habillée, et puis enfin, pas heureuse...

PIERRE.

Est-ce que je sais pourquoi? Je l'aime parce que je l'aime, comme une brute!

MADAME CARDEVENT.

Ce n'est pas possible, elle t'a jeté un sort, mais tu te reprendras... avec ta volonté!...

PIERRE.

Ah! ma volonté! Jusqu'à hier soir, j'y croyais encore à ma volonté... mais il faut vouloir vouloir, comme dit le vieux. Et je ne veux pas, comprends-tu? Non, tu ne me comprends pas... Je ne me comprends pas moi-même... Voilà un mois que je lutte, que je me défends !... non, vois-tu, c'est fini, je suis à bout de forces, je me rends !

MADAME CARDEVENT.

Pierre !

PIERRE.

Tiens, je souffre bien, n'est-ce pas? Je ne dors plus, je ne mange plus, je ne travaille plus, je vis comme un fou ! Eh bien, on me dirait : Je vais te guérir de ça, tu ne souffriras plus... Tu ne penseras plus à elle, jamais... je dirais : non ! je ne veux pas ! je veux garder mon mal... Il me semble que, sans lui, je ne pourrais plus vivre, tant il est devenu ma vie.

MADAME CARDEVENT.

Mon enfant !

PIERRE.

Oh ! je pourrais te tromper ! Me tromper moi-même... te promettre un tas de choses ! Mais je mentirais !... de l'oublier, je mentirais... de ne plus chercher à la voir, je mentirais... de ne plus l'épouser si elle voulait de moi et malgré tout... Je mentirais... je mentirais... je mentirais !

MADAME CARDEVENT.

Malgré tout ! As-tu dit ça ? Tu l'épouserais malgré tout ?

PIERRE.

Si elle voulait, ah !

MADAME CARDEVENT.

Malgré moi ?

PIERRE, avec un sanglot.

Ah! ma pauvre maman, je crois que oui.

MADAME CARDEVENT, atterrée.

Toi! toi! Voilà ce qu'elle a fait de toi!... Et tu veux?... Non, ce n'est pas cela qu'il faut lui dire... Ah! mon enfant, mon pauvre petit! qu'est-ce que nous allons devenir? Non, ce n'est pas ça non plus!... Ah! nous n'en sortirons jamais tout seuls!... Il faut demander secours à plus forts que nous... Je vais à la messe.

PIERRE, pleurant.

Ne m'en veux pas, maman, ce n'est pas ma faute, va!

MADAME CARDEVENT.

Ah! je ne t'en veux pas, mon ami, je te plains... Allons, je vais prier le bon Dieu qu'il nous aide, nous en avons besoin! Non... je ne t'en veux pas, mais j'ai bien du chagrin, va!

Elle sort par la droite.

PIERRE, avec désespoir.

Et moi donc!

SCÈNE IX

PIERRE, puis VALENTINE.

Valentine voilée entre par la porte du fond.

PIERRE, l'apercevant, se lève.

Hein?

VALENTINE, levant son voile.

Oui, monsieur Pierre, c'est moi.

PIERRE.

Ici!

VALENTINE.

Je voudrais voir votre mère.

PIERRE

Vous?

VALENTINE.

Ah! c'est vrai, vous ne savez pas... Personne ne le sait encore, du reste... Eh bien!... Elle m'a chassée!

PIERRE.

Madame de Laversée!

VALENTINE.

Oui, hier soir, quand vous avez été parti, elle m'a chassée de chez elle, comme une domestique, et, ce matin, elle n'a voulu ni me voir, ni m'entendre... j'en sors à l'instant... Ah! quand je me suis vue dans la rue, seule, ne sachant où aller, j'ai cru que j'allais devenir folle... Et puis, tout à coup, j'ai pensé à vous, à votre mère, les seuls honnêtes gens que je connaisse, et alors je suis venue vous demander un conseil, un moyen, je ne sais pas... en attendant... je ne sais quoi non plus... Qu'est-ce que je vais devenir maintenant? Où serai-je demain? Pourvu que votre mère ne me chasse pas, elle aussi.

PIERRE.

Vous?

VALENTINE.

Elle n'est donc pas là, votre mère?

PIERRE.

Non, mais...

VALENTINE.

Alors, je m'en vais! Si, si!... je reviendrai quand elle y sera.

PIERRE.

Non, restez!... elle va rentrer... Où iriez-vous?

VALENTINE.

Je ne sais pas!

PIERRE.

Comment, vous ne connaissez personne...

VALENTINE.

Personne qui m'aime, non.

PIERRE.

Qui... Eh bien, et nous? Mais, dites-moi, voyons, qu'allez-vous faire?

VALENTINE.

Je ne sais pas. Je n'ai jamais pensé à cela, moi!... Il y a si peu de temps que je pense à quelque chose. Pouvais-je prévoir ce qui m'arrive?

PIERRE.

Mais enfin, comment vivrez-vous?

VALENTINE.

Je ne sais pas. J'ai bien une rente : mille francs...

PIERRE, dédaigneusement.

Ah!

VALENTINE, naïvement.

Oui, n'est-ce pas? c'est trop peu! Eh bien, je travaillerai.

PIERRE, avec indignation.

Vous!... A quoi d'ailleurs?

VALENTINE.

C'est vrai, Je ne suis pas bonne à grand'chose. J'étais un objet de luxe, moi, on m'a élevée comme une jeune fille du monde, tout enseigné sans rien m'apprendre. Il y a bien le piano, c'est ce que je sais le mieux, je pourrais peut-être donner des leçons.

PIERRE.

Courir les rues l'hiver, par la pluie, dans la boue, à pied? mais regardez-vous donc!

VALENTINE.

Dans ces derniers temps, je faisais mes robes moi-même... On m'aidait un peu; mais je sais coudre.

PIERRE.

Avec ces mains-là? Allons donc!... Et d'ailleurs, il vous faudrait des clientes ou des élèves?

VALENTINE.

Oui, et n'importe où je me présenterai, on me demandera qui je suis, d'où je viens, et c'est madame de Laversée qui répondra... Et ce qu'elle répondra, vous le devinez, n'est-ce pas? Ah! si je pouvais la voir, lui parler, ne fût-ce qu'un instant, je lui expliquerais, je lui dirais... il faudrait bien qu'elle me croie... Mais elle ne veut pas... alors que faire?... Quoi?... Ah! je suis bien perdue... allez!

PIERRE.

Allons donc! Vous n'êtes pas plus perdue que coupable! Et ne pleurez pas! Ah! ne pleurez pas!... je suis si heureux, moi!

VALENTINE.

Heureux?

PIERRE.

Comment! vous êtes sortie de cette maison de malheur, vous avez besoin de nous, vous êtes là... je vous revois et vous voulez que je ne sois pas heureux?

VALENTINE.

Mais...

PIERRE.

Et puis, il y a autre chose encore, oui, pour vous, une idée!... Oh! il y a longtemps que je l'ai. Mais vous n'étiez pas libre alors... tandis qu'aujourd'hui, peut-être... si vous vouliez... seulement, dame, le voudrez-vous?

VALENTINE.

Oh! oui, je voudrai... Dites?

PIERRE.

Eh bien, voyons!... Ma mère va retourner au Caligou... partez avec elle!

VALENTINE, craintivement.

Votre mère?

PIERRE.

Ah! vous ne voulez pas... vous voyez bien.

VALENTINE, tristement.

C'est elle qui ne voudra pas.

PIERRE.

Si, si! elle le voudra! ça, elle le voudra! Laissez-moi faire!... Dites oui, seulement. Oh! dites oui!

VALENTINE.

Mais, oui, cent fois oui!

PIERRE.

Ah! merci!

VALENTINE.

Quel cœur vous avez, monsieur Pierre!

PIERRE.

Moi? Dans ce moment-ci, je suis un fier égoïste, au contraire... si vous saviez...

Il va vers la porte du fond.

VALENTINE.

Eh bien, où allez-vous donc?

PIERRE.

Ma mère ne vient pas... Je vais la chercher... je ne peux pas l'attendre... Je veux savoir tout de suite.

VALENTINE.

Alors, je m'en vais aussi!...

Elle va vers la porte du fond.

PIERRE, la ramenant du geste.

Non, restez, vous!... Il me semble que, si vous partez, vous ne reviendrez plus.

VALENTINE.

Et si quelqu'un entre et me voit ici, qu'est-ce que l'on dira?

PIERRE, songeant.

Oui, quelqu'un... (trouvant une idée.) Ah! tenez! (Il va à la porte de droite, l'ouvre et regarde dans la chambre.) Plus personne! Entrez là, dans l'autre atelier!

VALENTINE, le suivant.

Hein? comme j'ai soin de ma réputation depuis qu'elle est perdue!

PIERRE, la faisant entrer dans la chambre de droite.

Entrez! c'est cela!... Et maintenant, enfermez-vous!

VALENTINE, reparaissant.

Et priez bien votre mère pour moi, priez-la bien, n'est-ce pas?

PIERRE.

Oui! Ah! oui! Et fermez bien les deux portes, celle-ci et celle du fond qui donne sur la rue. Et n'ouvrez qu'à moi, vous entendez, rien qu'à moi! (Il referme la porte sur elle; seul, et tout en prenant son chapeau.) Non, non, elle ne refusera pas ça!... Elle ne veut plus que je la voie... eh bien! qu'elle l'emmène! (Regardant la porte de la chambre où est Valentine.) Elle est là!... (Jetant un baiser à la porte.) Ah! comme je l'aime!

Il sort en courant par le fond.

SCÈNE X

SAINT-MARIN, apparaissant au fond. Pierre passe devant lui, sans le voir, puis MADAME DE LAVERSÉE.

SAINT-MARIN, l'appelant.

Eh bien! Pierre! Pierre! Où court-il comme ça? (Il entre en scène et regarde.) Et pas de Pégomas? Comment! il me fait demander ici, et... Ah! dans l'autre atelier!

Il va à la porte de droite qu'il essaie d'ouvrir.

MADAME DE LAVERSÉE, entrant.

Personne! Et il est une heure! Pas exacte, leur Commission... (Voyant la statue et l'examinant.) Ah! ah! Voici donc l'immense plâtras consacré à la mémoire du plus grand des Laversée, ce qui n'est pas beaucoup dire. (Amèrement.) Et ma mère qui n'a pas seulement un buste...

SAINT-MARIN, après des efforts pour ouvrir la porte.

Mais c'est fermé!... Ah! ma foi, tant pis pour Pégo, je n'ai pas le temps d'attendre. Allons!

Il revient pour sortir par le fond, madame de Laversée se retourne et le voit.

MADAME DE LAVERSÉE, à part.

Lui!

SAINT-MARIN, l'apercevant.

Ah! (Il la salue.) Madame!

Il va pour sortir.

MADAME DE LAVERSÉE.

Monsieur! (Il s'arrête.) Eh bien, vous n'avez rien à me dire?

ACTE TROISIÈME

SAINT-MARIN.

Rien.

MADAME DE LAVERSÉE.

Comment! Après ce qui s'est passé hier, le hasard nous met en présence et vous vous dérobez ainsi, sans un mot?

SAINT-MARIN.

Hier, vous avez dit le mot de la fin.

MADAME DE LAVERSÉE.

Sans une excuse?

SAINT-MARIN.

Je ne vous en demande pas.

MADAME DE LAVERSÉE.

Sans un regret?

SAINT-MARIN.

Vous avez tout fait pour me les épargner.

MADAME DE LAVERSÉE.

Oui, je comprends. La justification est trop difficile. On cache son embarras sous sa dignité, et l'on se tait!... Mais, si le silence est une défense, c'est aussi un aveu.

SAINT-MARIN.

Oh! madame, il en sera ce que vous voudrez. Ce qui est passé est passé, n'y revenons plus. Hier, dans l'égarement de votre colère, vous avez cru voir ce qui n'était pas, vous avez dit ce qu'on ne dit pas. Tout est fini entre nous. Vous n'avez pas d'explications à me demander, je n'en ai pas à vous donner.

Il fait un pas pour sortir.

MADAME DE LAVERSÉE, l'arrêtant.

Lionel! Vous ne sortirez pas! vous ne me quitterez pas ainsi, sous le prétexte... car ce n'est qu'un prétexte... Mais défendez-vous donc!... Parlez!... Dites quelque chose! Ah! oui! il y a votre dignité!... Eh bien, voyons, la colère m'a emportée, j'ai eu tort! je le regrette! Est-ce assez? Comment! vous êtes offensé de ce que j'ai dit, et vous ne voulez pas que je le sois de ce que j'ai vu? Car j'ai vu! vu! vu!

SAINT-MARIN.

Quoi? que je plaisantais avec cette jeune fille, que je lui faisais une de ces déclarations pour rire, comme tout le monde lui en fait; c'est le jeu de la maison, cela, vous le savez bien, et il a fallu le grossissement de votre jalousie pour y voir autre chose.

MADAME DE LAVERSÉE.

Alors, voilà ce que vous avez trouvé? Et pourquoi ne pas le dire hier?

SAINT-MARIN.

Hier, vous ne m'auriez pas cru.

MADAME DE LAVERSÉE.

Ah! si vous pensez que je vous crois aujourd'hui!

SAINT-MARIN.

Je le regrette. Oh! pas pour moi, pour cette pauvre fille, victime très innocente de mon étourderie et que vous en punissez cruellement et injustement.

MADAME DE LAVERSÉE.

Et vous la défendez encore! Vous osez!

SAINT-MARIN.

Je la défends comme j'ai défendu toutes celles dont vous êtes jalouse, et Dieu sait !...

MADAME DE LAVERSÉE.

Ah! les autres, vous ne courtisiez que leur influence, il y a toujours un intérêt dans vos galanteries. Mais elle, cette Valentine, elle n'est rien, elle ne peut rien, vous n'avez rien à en attendre... que de l'amour !

SAINT-MARIN.

Est-ce qu'on aime Valentine?

MADAME DE LAVERSÉE.

Oh! cette femme! toujours cette femme!

SAINT-MARIN.

Mais, Valentine n'est pas une femme. Valentine, c'est Valentine, une enfant sans conséquence, une camarade...

MADAME DE LAVERSÉE.

Une camarade, oui! et vous la teniez dans vos bras, vous étiez à ses genoux !... C'est ta maîtresse! je te dis que c'est ta maîtresse!

SAINT-MARIN.

Parce que j'étais à ses genoux?... Est-ce que je demanderais à genoux ce que j'aurais obtenu ? Vous êtes folle.

MADAME DE LAVERSÉE.

Ah! oui, je suis folle! folle de t'aimer! Et comme tu en abuses ! Mais, prends garde ! Tu ne sais pas comme je te haïrai quand je ne t'aimerai plus. Ne me quitte pas, crois-moi. Ce que j'ai fait pour toi, je peux le défaire; dire ce que je sais, tout ce que je sais : comment tu soignes tes clientes et de quelle façon elles te paient !

SAINT-MARIN.

Si vous croyez me faire du tort !...

MADAME DE LAVERSÉE.

Et que tu m'as trompée avec cette fille, et que je l'ai chassée !

SAINT-MARIN, froidement.

Vous ne ferez pas cela.

MADAME DE LAVERSÉE.

Parce que ?

SAINT-MARIN.

Parce que ce serait vous perdre.

MADAME DE LAVERSÉE, avec colère.

Ah ! pourvu que je me venge ! (Pleurant.) Mais non, je ne le ferai pas, tu as raison, je suis trop lâche. Et tu le sais bien ! tu sais bien que ma colère est courte et mon pardon sûr ! Ah ! quel être vil tu as fait de moi ! Quand tu n'es pas là, je peux encore me reprendre, mais dès que je te vois, que je t'entends, je suis sans force, je ne peux plus. Ça n'est pas ce que tu dis, c'est ta voix que je crois... Et tu mens, j'en suis sûre ! Oh ! je n'ai pas d'illusions, va ! Oui, tu mens, tu me trompes, tu te sers de moi, tu n'es qu'un ambitieux sans cœur, et si maître de toi, si égoïste, si cruel... (Se jetant dans ses bras.) Ah ! je t'adore !

SAINT-MARIN.

Vous avez une manière d'aimer...

MADAME DE LAVERSÉE.

Voyons, jure-moi que tu l'oublieras!

SAINT-MARIN.

Mais je n'y ai jamais pensé!

MADAME DE LAVERSÉE.

Que tu ne la reverras plus!

SAINT-MARIN.

Est-ce que je sais où elle est, seulement?

MADAME DE LAVERSÉE.

Ah! reviens, va, je te pardonne!

SAINT-MARIN, doucement.

Ce n'est pas assez.

MADAME DE LAVERSÉE, inquiète.

Que veux-tu donc?

SAINT-MARIN.

Je ne suis pas sorti seul de chez vous, je n'y rentrerai pas seul.

MADAME DE LAVERSÉE.

Hein?

SAINT-MARIN.

Il y a quelqu'un à qui nous avons fait, vous, par votre jalousie, moi par ma légèreté, un mal que nous devons réparer. Je ne peux pas rentrer dans votre maison, à moins qu'elle n'y rentre! La plus simple délicatesse me le défend.

MADAME DE LAVERSÉE.

Et voici le marché que tu as l'impudence !... Allons ! allons ! décidément, tu veux rompre ! Il fallait donc le dire tout de suite, au lieu de chercher des prétextes... Après sa dignité, voilà sa délicatesse, maintenant. Ah ! sa délicatesse ! Ah ! ah ! voilà trois ans que j'aime cet homme et qu'il fait semblant de m'aimer... trois ans qu'il m'utilise au profit de son ambition ! Et quand il n'a plus besoin de moi, il me jette là comme une chose inutile, il me quitte comme une fille et pour une fille, oui, une fille, que tout le monde veut parce qu'elle est jolie et que personne n'épouse parce qu'elle est facile, et que tu as connue chez moi, courtisée chez moi, eue chez moi peut-être et que tu vas retrouver en sortant d'ici, j'en suis sûre !... Misérable !...

SAINT-MARIN.

Vous savez qu'elle est innocente !

MADAME DE LAVERSÉE.

Cette fois, comme les autres, oui, je le sais !

SAINT-MARIN.

Vous savez que vous faites une mauvaise action ?

MADAME DE LAVERSÉE.

Ah ! pour ça, nous sommes au moins deux !

SAINT-MARIN.

C'est bien résolu. Vous ne voulez pas ?

MADAME DE LAVERSÉE.

La reprendre ? Jamais !

SAINT-MARIN.

Voici mon dernier mot ; elle et moi

MADAME DE LAVERSÉE.

Et voici le mien : elle ou moi !

SAINT-MARIN.

Adieu !

MADAME DE LAVERSÉE.

Adieu !

Saint-Marin sort.

SCÈNE XI

MADAME DE LAVERSÉE, seule, puis VALENTINE.

MADAME DE LAVERSÉE.

Quittée ! pour cette fille ! cette bâtarde ! cette femme de chambre que j'avais déguisée en femme du monde ! Moi ! moi ! oh ! mais, qu'est-ce que je pourrais donc bien lui faire pour me venger du mal qu'elle m'a fait ?

VALENTINE, sortant de la porte de droite.

Il a dit la vérité, madame !

MADAME DE LAVERSÉE.

Elle était là !

VALENTINE.

Je vous jure qu'il a dit la vérité ! Ce qui s'est passé hier, j'en suis innocente !

MADAME DE LAVERSÉE.

Innocente, oui ! Et quand je suis entrée tout à l'heure, il était à cette porte, il sortait de cette chambre d'où tu sors...

VALENTINE.

De cette chambre?

MADAME DE LAVERSÉE.

Je l'ai vu.

VALENTINE.

Mais c'est insensé!

MADAME DE LAVERSÉE.

Alors, que viens-tu faire ici?

VALENTINE.

Chercher un refuge, puisque vous m'abandonnez.

MADAME DE LAVERSÉE, réfléchissant.

Oui.

VALENTINE.

Madame Cardevent va revenir avec son fils... oh! je vous en prie, ne leur dites pas de mal de moi, je vous en prie... Mon dernier espoir est dans leur pitié.

MADAME DE LAVERSÉE.

Oui! Enfin, tu veux t'introduire ici, et tu comptes sur moi pour les références? Ah! tu tombes bien!

VALENTINE.

Madame!

MADAME DE LAVERSÉE.

Ainsi, tu crois que je vais t'aider à entrer chez ces braves gens pour que tu fasses chez eux ce que tu as fait chez moi? Allons donc!

ACTE TROISIÈME

VALENTINE.

Chez vous? Mais qu'ai-je donc fait?

MADAME DE LAVERSÉE, sa voix se brise.

Tu as fait de mon salon un lieu de rendez-vous! Tu m'as tout pris, tout volé! Ma place dans ma maison, les hommages qui m'étaient dus, tout! jusqu'à l'affection qui m'était chère. Tu as brisé ma vie! (Se redressant.) Oui, mais à mon tour, à présent! Je ne veux plus te voir dans mon chemin! Je veux qu'on te chasse de partout comme je t'ai chassée de chez moi! Et d'abord, je veux rompre ton intrigue!

VALENTINE.

Mon intrigue?

MADAME DE LAVERSÉE.

Ah! si tu crois que je ne lis pas dans ton jeu! Je le connais, va, ton dernier espoir! En entrant ici, tu comptais bien te faire épouser par Pierre, parce qu'il est naïf et que tu es habile!

VALENTINE.

Moi!

MADAME DE LAVERSÉE.

Oui, toi, que j'ai vue hier dans les bras de Lionel! Toi, sa maîtresse!

VALENTINE, indignée.

Sa maît...! (Réfléchissant.) Non, ce n'est pas possible! pour autoriser de pareils soupçons, il y a quelque chose que je ne sais pas, quelque chose sur moi, dans mon passé, dans... Ah! dans ma naissance, peut-être? Mais quoi? Je veux le savoir! je le veux! De quelle faute me croyez-vous donc coupable pour penser de moi ce que vous pensez et qu'est-ce que je suis enfin pour que vous me disiez ce que vous me dites ?

MADAME DE LAVERSÉE.

Ce que tu es? Tu veux le savoir? C'est ton droit... Tant pis pour ton orgueil!... Tu es Louise-Valentine, tout court, la fille d'une maîtresse de piano, la femme d'un peintre inconnu, d'un certain Georges Raymond, qu'elle avait quitté pour en suivre un autre, et qui est morte huit mois après, le jour même de ta naissance, sans avoir osé te donner le nom de l'un, ni pu te donner le nom de l'autre! Voilà ce que tu es!

VALENTINE, à voix basse, plaintivement.

Ma mère !

MADAME DE LAVERSÉE.

Et quant à la faute qui autorise de pareils soupçons, te rappelles-tu ce Méximieux dont tu étais affolée à ce point que, lorsqu'il est parti, tu as failli mourir ?

VALENTINE.

Lui !

MADAME DE LAVERSÉE.

Oh ! n'essaie pas de te défendre ! Je ne t'ai jamais dit ce que je savais. Eh bien, je savais tout ! Vous vous aimiez, je le savais ! Vous vous écriviez, je le savais ! Vous vous donniez des rendez-vous, je le savais... Tout ! Comprends-tu, enfin ?

VALENTINE.

Non !

ACTE TROISIÈME

MADAME DE LAVERSÉE.

Écoute : un soir, dans l'hôtel, chez moi, il y aura de cela trois ans demain, c'était mon dernier lundi de l'année. On fêtait la nomination de Hugon à l'Institut, tu vois que je précise. Il y avait du monde, beaucoup. Au moment où il y en avait le plus, tu t'es glissée hors du salon, je t'ai suivie, tu as été retrouver Méximieux qui t'attendait au fond du jardin, sous les arbres, au pied de la statue. Et, dans la nudité de ton costume de bal, tu t'es jetée à son cou, j'ai entendu vos paroles, j'ai compté vos baisers. Il te tutoyait, tu l'appelais : mon bien-aimé. Ah ! je l'ai entendu ! Aussi quant à un mouvement que j'ai fait, vous vous êtes échappés tous les deux... Pour savoir tout, je n'avais plus besoin d'en savoir davantage.

VALENTINE.

Vous avez cru cela ? Et vous ne m'avez pas chassée alors ? Pourquoi ?

MADAME DE LAVERSÉE.

Parce que je ne voulais pas de scandale. D'ailleurs, deux jours après, il était parti, tu étais mourante. J'ai eu pitié. Mais, aujourd'hui, tu as recommencé, c'est autre chose, tu n'es plus chez moi, je suis libre ! Ah ! ils vont venir tous les deux, la mère et le fils ? Eh bien, tu vas entendre ce que je vais leur dire.

VALENTINE.

Eh ! dites-le donc ! C'est moi qui le demande, à présent ! qui le veux, qui l'exige ! entendez-vous ? Je suis lasse des calomnies insaisissables. Enfin ! en voici donc une nette et franche ! Oui ! oui ! dites-leur tout, allez, madame !.. Parlez ! ou plutôt non ! c'est moi qui parlerai !

MADAME DE LAVERSÉE.

Toi ?

VALENTINE.

Moi !

MADAME DE LAVERSÉE.

Eh bien ! parle, voyons, les voici !

Elle s'assied.

SCÈNE XII

Les Mêmes, MADAME CARDEVENT, PIERRE, GRIGNEUX.

VALENTINE.

Venez, madame, venez, monsieur Pierre, et vous aussi, monsieur ! Venez ! Je voudrais que tous ceux qui me connaissent fussent là pour m'entendre !

PIERRE.

Comment ?...

MADAME CARDEVENT, à Valentine.

Qu'est-ce qu'il y a donc ?

VALENTINE.

Votre fils vous a appris ce que je désirais de vous, madame ; il est juste que vous connaissiez celle qui vous demande, à mains jointes, de l'emmener avec vous, chez vous. On vous a dit bien du mal de moi, n'est-ce pas ? On vous l'a dit, vous l'avez cru, je l'ai mérité. Tout était vraisemblable.

Mais tout n'est pas vrai. J'ai pu être inconséquente, folle même, mais coupable, jamais !

MADAME DE LAVERSÉE, se levant.

Pardon...

VALENTINE.

Une seule fois, et c'est là-dessus que tous les soupçons se fondent, le mensonge a été près de la vérité. J'ai été trompée.

MADAME DE LAVERSÉE, se rasseyant, à mi-voix.

Allons donc !

VALENTINE.

Ou plutôt je me suis trompée moi-même. J'ai cru à la parole d'un fourbe, à la générosité d'un lâche. J'ai cru qu'on pouvait m'épouser, moi, la déclassée, l'enfant sans parents et sans dot. Mais c'est une erreur, cela, ce n'est pas une faute.

MADAME DE LAVERSÉE, protestant, bas.

Oh !..

VALENTINE.

Eh bien, oui, ce Méximieux m'a dit qu'il m'aimait, oui, nous nous écrivions... Ah ! pourquoi ai-je brûlé ces lettres ?

MADAME DE LAVERSÉE, à elle-même.

Naturellement !

VALENTINE, la regardant.

Oui ! nous avions des rendez-vous, oui ! ce que vous avez vu et entendu, le soir où vous nous avez surpris, pouvait vous faire croire ce que vous avez cru... Oui ! j'ai failli mourir quand il est parti... Mais il m'avait juré que je serais sa femme, et je le croyais; je croyais tout, moi, j'avais dix-sept ans, je croyais qu'il m'aimait, je croyais l'aimer, je voulais l'aimer! Je lui devais tant, songez donc! Je ne pensais même pas qu'il était pauvre et que je l'étais aussi! Mais il y pensait, lui, il avait spéculé sur votre influence, sur votre fortune, et dès qu'il sut qu'il n'y avait rien à attendre de vous, ni protection, ni dot, alors il s'enfuit comme un voleur, volé lui-même, n'emportant de moi rien de ce qu'il convoitait, ni l'argent, ni l'honneur... (Madame de Laversée se lève. A madame Cardevent). Ni l'honneur! Oh! ça, je vous le jure, c'est la vérité, madame, la vérité!

MADAME DE LAVERSÉE.

Pas toute!

VALENTINE.

Oh! vous en avez menti!

MADAME DE LAVERSÉE, mouvement de colère, puis se calmant.

Prouve-le.

Elle sort.

SCÈNE XIII

VALENTINE, MADAME CARDEVENT, PIERRE, GRIGNEUX.

VALENTINE.

Ne la croyez pas! Elle me hait! (Se jetant aux pieds de madame Cardevent.) Ah! madame! madame! emmenez-moi, je vous en prie, je vous en prie!

PIERRE, à sa mère.

Maman !

MADAME CARDEVENT, à Valentine.

Voyons !

VALENTINE.

Par charité, madame, sauvez-moi des autres, de moi-même. Qu'est-ce que je vais devenir ici, seule, pensez. J'ai dit la vérité, je ne suis pas coupable. Ah ! mais, regardez-moi donc ! Est-ce que vous ne voyez pas que c'est la vérité ? Ah ! non, je sens que non ! Mais que vous dire alors ? Je ne sais plus, moi, je ne sais plus...

Elle pleure.

MADAME CARDEVENT, à part.

Pauvre fille !

PIERRE, bas à sa mère, suppliant.

Maman, je ne ferai rien sans toi ! Je t'obéirai ! mais emmène-la ! (Avec colère.) ou sinon, vois-tu !...

VALENTINE.

Je vous ai pourtant tout dit. Oui, c'est encore trop, je le sais bien ! Mais c'est tout, je vous assure que c'est tout. (Se relevant.) Non, ce n'est pas tout ! Vous ne savez pas qui je suis. Elle vient de me l'apprendre. Il faut que vous connaissiez tout mon malheur. Je n'ai pas d'autre nom que Louise-Valentine. C'est déjà triste, n'est-ce pas, madame ?... Mais le reste est bien plus triste encore, allez !... Ma mère était une maîtresse de piano. Elle s'appelait Louise-Valentine Raymond !... Elle avait quitté son mari, un peintre, pour... enfin elle l'avait quitté... et elle est morte huit mois après, le jour même de ma naissance... Est-ce que ce n'est pas affreux, cela ? Est-ce que vous n'aurez pas pitié ?

GRIGNEUX, hors de lui.

Madame ! madame ! Emmenez-la !

PIERRE.

Grigneux !

MADAME CARDEVENT, à Grigneux.

Comment! vous ?...

GRIGNEUX.

Oui, cette enfant... J'ai connu son père, Raymond, le peintre... sa mère aussi, je l'ai connue, une sainte, celle-là ! Oui, mademoiselle, cette femme a menti ! Ne la croyez pas, votre mère était une sainte ! C'est lui qui l'a abandonnée, le misérable ! C'est lui, lui, entendez-vous ! Oh ! emmenez-la, sauvez-la ! Si elle est coupable, c'est de la charité, si elle ne l'est pas, c'est de la justice, mais sauvez-la ! Pour moi... faites-le, je vous en prie, pour moi ! pour moi !

MADAME CARDEVENT, qui le regarde attentivement, à part.

C'est bien ! (A Valentine.) Nous partons ce soir, allons nous préparer, mademoiselle.

PIERRE, à madame Cardevent.

Maman !

MADAME CARDEVENT, bas, à Pierre.

Rien sans moi ?

PIERRE.

Je te le jure !

ACTE TROISIÈME

MADAME CARDEVENT.

Allons!

Elles se dirigent toutes deux vers la porte du fond. — Avant de sortir, Valentine, qui n'a pas quitté Grigneux des yeux, s'arrête et lui dit avec une simplicité pénétrée :

VALENTINE.

Merci, monsieur!

Elles sortent par le fond. — Rideau.

ACTE QUATRIÈME

Le théâtre représente une grande salle du rez-de-chaussée, dans la maison de madame Cardevent, au Caligou. Buffet, tables, sièges vieux et simples. Portes à droite, à gauche et au fond. Celle-ci, à deux battants et vitrée, est en ce moment ouverte et laisse voir une large rue ensoleillée, d'une petite ville du Midi, où circulent beaucoup de gens en habits de fête. Madame Cardevent, le dos appuyé contre un des montants de cette porte, tricote en regardant les passants, tout en leur répondant quand ils l'interpellent. Au moment où la toile se lève, on entend la détonation d'une bombe. — Cris de la foule.

SCÈNE PREMIÈRE

MADAME CARDEVENT, seule.

Pierre devrait être là. Le train est en retard.

Un groupe de femmes s'arrête devant la maison.

L'UNE D'ELLES.

Eh bien, madame Cardevent, vous voilà contente, hein? c'est la fête de votre fils aujourd'hui.

MADAME CARDEVENT.

Et la mienne aussi puisque je vais le voir.

ACTE QUATRIÈME

UNE FEMME.

Comment ! Pas encore arrivé ?... Et l'inauguration de sa statue est à deux heures. Voyez ! Voyez ce monde... Nous y allons, nous autres. Et vous ?...

MADAME CARDEVENT.

Moi, j'attends mon Pierre.

UNE AUTRE FEMME.

C'est juste !

On entend au loin une musique militaire.

TOUTES.

Les soldats !...

UNE FEMME.

C'est peut-être la garnison.

TOUTES.

Vite ! vite !...

LA PREMIÈRE FEMME.

Adieu, adieu, madame Cardevent !

Elles se sauvent, suivant la foule qui court de droite à gauche.

MADAME CARDEVENT, toujours tricotant.

Adieu !... (Seule.) Oui, je l'attends, et pour la première fois, avec autant de peur que de joie... Cinq mois sans le voir !... Qu'est-ce qu'il va faire ?

LOVEL, très pressé, de la rue, à madame Cardevent.

Pégomas n'est pas là ?

MADAME CARDEVENT.

Non, monsieur Lovel.

LOVEL.

S'il vient, voulez-vous lui dire de m'attendre... Je repasserai dans cinq minutes.

MADAME CARDEVENT.

Bien, monsieur Lovel.

LOVEL.

Merci, madame Cardevent.

MADAME CARDEVENT.

De rien, monsieur Lovel (Lovel passe. — Détonations, cris de la foule. — Seule.) Il ne m'a pas parlé d'elle une seule fois dans ses lettres, c'est déjà un bon signe.

LE MAIRE, très affairé, de la rue à madame Cardevent.

M. Lovel n'est pas là?

MADAME CARDEVENT.

Il sort d'ici, monsieur le maire, il va revenir dans cinq minutes.

LE MAIRE.

C'est bon, moi aussi. Merci, madame Cardevent.

MADAME CARDEVENT.

De rien, monsieur le maire (Il passe. — Seule.) Il l'a peut-être oubliée, qui sait?... Eh! qu'il arrive donc vite et que je sache à quoi m'en tenir... Mal connu est à moitié guéri.

SCÈNE II

MADAME CARDEVENT, VALENTINE.

VALENTINE.

Je vous apporte vos livres, madame.

Elle lui montre deux petits registres.

MADAME CARDEVENT.

Merci, mon enfant. (La regardant.) Eh! mais, comme vous voilà belle!

VALENTINE, un peu embarrassée.

C'est que... c'est pour la fête...

MADAME CARDEVENT, à part.

Ou pour le saint.

VALENTINE, lui remettant les deux registres.

Voici d'abord le livre du métayer, et puis celui de la maison. J'ai tout vérifié, c'est exact.

MADAME CARDEVENT, les prenant.

A la bonne heure! Je m'y retrouve mieux que dans mes pattes de mouche. Vous êtes une vraie petite ménagère.

VALENTINE, joyeuse.

Vous êtes contente de moi, alors?

MADAME CARDEVENT.

Je serais bien difficile. Eh bien, voyons, maintenant, vous allez voir la fête, j'espère.

VALENTINE.

Pour rencontrer les Laversée et leurs amis, car ils y seront tous. Non!... Je ne veux plus les voir.

MADAME CARDEVENT.

Il faut pourtant vous distraire, vous menez une vie de religieuse ici, ça doit vous ennuyer à la fin.

VALENTINE.

Moi! Je n'ai jamais été plus heureuse. Et comme je vous en suis reconnaissante! car c'est à vous que je le dois... à vous et à un autre.

MADAME CARDEVENT.

A M. Grigneux, vous voulez dire? Ah! dame, vous avez raison de l'aimer, car il vous aime bien, lui. Et le plus extraordinaire, c'est que ça l'a pris tout d'un coup. Rien qu'en apprenant votre... enfin le nom de vos parents, il est devenu tout feu, tout flamme. Vous souvenez-vous?

VALENTINE, comme à elle-même.

Oh! oui, je me souviens.

MADAME CARDEVENT.

Faut croire qu'il les aimait bien aussi... Et ça n'a fait que croître et embellir. Il vous écrit toutes les semaines. Et ce petit portrait qui vous ressemble tant et qu'il vous a envoyé il y a huit jours, car ce ne peut être que lui!... Et son prétendu voyage en Italie?... Au mois d'août! Lui qui ne bouge jamais de Paris. Il a passé deux fois ici, censément en allant et en revenant, sous prétexte que le Caligou était sur son chemin. Allons donc! Est-ce qu'il a été en Italie?... Il est venu vous voir tout bonnement. Ah! dame, oui, il vous aime bien. La dernière fois qu'il vous a quittée, il avait les larmes aux yeux... Et vous ne trouvez pas ça extraordinaire, vous?

VALENTINE, songeuse.

Non, plus maintenant.

MADAME CARDEVENT.

Je parie qu'il va encore venir avec Pierre, tout à l'heure.

VALENTINE.

Il m'a écrit que non, mais je suis sûre que oui. Aussi je suis contente aujourd'hui. Il me semble qu'il va m'arriver quelque chose d'heureux (A la porte du fond.) Voyez donc, madame, la belle journée, le beau soleil, le beau pays! Et cette fête, ce bruit, ce monde! Ah! je me sens gaie...

MADAME CARDEVENT.

Pourvu que ça dure! C'est vrai, vous êtes toujours si triste... (On entend sonner une horloge.) Midi!... Et ils ne sont pas là!... Il y a un accident, pas possible!

SCÈNE III

Les Mêmes, LE FACTEUR, sur le pas de la porte.

LE FACTEUR, criant.

Le facteur! (Apercevant madame Cardevent et Valentine.) Excusez, madame, la compagnie, je ne vous voyais pas. D'abord une dépêche pour vous, madame Cardevent.

Il la lui donne.

MADAME CARDEVENT, la prenant.

Une dépêche !... Ça me fait toujours peur.

Elle l'ouvre.

LE FACTEUR, tirant des lettres qu'il jette sur la table.

Et puis, Pégomas, Pégomas, Pégomas...

MADAME CARDEVENT, lisant la dépêche.

« De Pierre. Valence. Train arrêté. N'arriverons qu'à une heure. » Enfin !... Vous avez du retard, Ollivet ?

LE FACTEUR.

Trois heures pour les lettres. Ah ! c'est qu'elles ne manquent pas aujourd'hui. (Jetant la dernière sur la table.) Et Pégomas !

MADAME CARDEVENT.

Vous devez avoir chaud ?

LE FACTEUR, allant au buffet.

Merci, madame Cardevent, ce n'est pas de refus. En v'là des fêtes !... (Détonation.) Boum ! Entendez-vous ? — Et il y en a pour tous les goûts : une inauguration, une revue, des farandoles... Jusqu'à l'assassin de Follioule que M. Brascommié est en train de juger à c't'heure; — aussi, il en vient des étrangers ! On couche sur les billards. C'est pourtant not'Pégomas qui a eu l'idée de tout ça. Un fier homme, allez ! J'ai été à l'école avec lui, moi ! Voilà le député qu'il nous faut. (Levant son verre.) A la vôtre, madame, la compagnie, et à la sienne !

MADAME CARDEVENT.

Comment ? le député ? Eh bien ! et M. de Laversée ?

ACTE QUATRIÈME

LE FACTEUR.

Laversée ? Un Parisien ! Allons donc ! Est-ce que nous le connaissons ? Est-ce qu'il nous connaît ? Il est arrivé tout chaud d'hier soir. Paraîtrait qu'il a une extinction de voix. Ah ! ah ! c'est Pégomas qui n'en a pas, lui ! Il a parlé, hier, à la réunion, pendant trois heures, là, sans s'arrêter, et on a voté sa candidature malgré lui. — Il y a bien l'avocat Costeloub, son concurrent, qu'est un malin, mais il le mettra dans sa poche, avec son mouchoir par-dessus et il passera... (Montrant son verre plein.) Comme ça, tenez !

Il le boit d'un trait.

MADAME CARDEVENT.

Mais puisque c'est l'autre qui est affiché ?

LE FACTEUR.

Eh ! l'autre n'a que l'argent, c'est Pégomas qu'a l'esprit. C'est lui qui a eu l'idée de tout, je vous dis : la statue que la grande place en est fière, la fontaine d'eau que les marchands de vins s'en desséchaient, et la garnison que toutes les femmes en sont folles, et le théâtre des Français qu'il a amené jouer aux arènes de Caligou. Jusqu'aux uniformes neufs qu'il a donnés à nos pompiers... Je vous dis que c'est lui qui sera élu... aussi vrai que je... (Il va pour se verser du vin, la bouteille est vide.) Ah ! plus rien !... Je vous demande pardon, je suis un peu pressé.

Il se dispose à sortir.

MADAME CARDEVENT.

Oui, oui, allez, Ollivet.

LE FACTEUR.

Salut, madame, la compagnie... (Détonation.) Encore ! Et allez donc !

Il sort.

SCÈNE IV

MADAME CARDEVENT, VALENTINE, assise à part, tristement.

MADAME CARDEVENT.

Là, quand je vous disais que votre gaieté ne durerait pas. Qu'est-ce qu'il y a, voyons ?

VALENTINE.

Ah ! madame, toujours la même chose ! A quoi je pense, vous le savez bien !

MADAME CARDEVENT.

Laissez donc ça tranquille !

VALENTINE.

Si bonne que vous soyez, près de vous, je ne me sens pas justifiée et, quoique je dise ou fasse, je ne le serai jamais, puisque vous ne m'estimez pas assez pour me croire.

MADAME CARDEVENT.

Ah ! ça, mon enfant, ça n'est pas juste. Depuis que je vous ai vue de près, je vous estime et je vous aime. Et je ne dis pas ça à tout le monde, entendez-vous ?

VALENTINE, secouant la tête.

Non, non, ma vie est finie ! Tout espoir m'est défendu.

MADAME CARDEVENT.

Et pourquoi donc ? Si votre conscience est tranquille, si

cette histoire n'est qu'un mensonge, pourquoi ne vous marieriez-vous pas comme les autres ?

VALENTINE.

Jamais ! Ceux qui la connaissent ne voudraient pas de moi, ceux qui ne la connaissent pas, je ne voudrais pas d'eux. Je suis trop honnête pour la leur cacher, et trop fière pour la leur dire.

MADAME CARDEVENT.

Ah ! tenez ! vous êtes une brave fille.

VALENTINE, apercevant Lovel au dehors.

M. Lovel !... Je vais au jardin.

MADAME CARDEVENT.

Mais...

VALENTINE.

Non, non !... je ne veux pas qu'on me voie !... je ne veux pas !...

Elle sort par la droite.

MADAME CARDEVENT, seule.

Elle aime Pierre !... Pauvre petite !... (Contrariée.) Ah ! (Se reprenant.) Voyons, je vais au-devant de mon garçon, moi !

SCÈNE V

MADAME CARDEVENT, LOVEL, LE MAIRE, courant après Lovel.

LE MAIRE.

Monsieur Lovel ! Monsieur Lovel !

LOVEL.

Ah! c'est vous, monsieur le maire... (A madame Cardevent.) Pardon, madame Cardevent, mais vous savez, aujourd'hui votre maison est notre quartier général...

MADAME CARDEVENT.

Oui, oui, entrez! je vous laisse... Faites vos affaires, je vais au-devant de mon fils.

LOVEL.

Ramenez-le vite, il n'est que temps.

MADAME CARDEVENT, sur le pas de la porte.

Oh! que de monde! pourvu que j'arrive à la voiture encore.

Elle sort.

SCÈNE VI

LOVEL, LE MAIRE, très ému.

LE MAIRE.

Monsieur le député, deux mots, il s'agit des élections.

LOVEL.

Voyez le préfet!

LE MAIRE.

J'ai vu le préfet, il m'a renvoyé à vous... C'est pour la candidature Laversée.

LOVEL.

Alors, voyez Pégomas!

LE MAIRE.

Mais, c'est de lui qu'il s'agit. Par un revirement inexplicable, dans leur réunion d'hier soir, les électeurs de M. de Laversée ont voté la candidature de Pégomas par acclamations.

LOVEL.

Bah!

LE MAIRE.

Voilà notre candidat par terre. Si le mouvement continue, Pégomas passera sur le corps de l'avocat Costeloub, son seul concurrent, et on le nommera malgré nous, malgré lui!... C'est inouï!... Depuis trente-cinq ans que je fais les élections, à la satisfaction des divers gouvernements qui m'ont honoré de leur confiance, c'est la première fois que je vois les électeurs choisir, entre deux candidats qui se portent, un troisième qui ne se porte pas.

LOVEL.

Que voulez-vous que j'y fasse?

LE MAIRE, désespéré.

Et moi, monsieur le député, que dois-je faire?... Je vous jure qu'il n'y a pas de ma faute! c'est à n'y pas croire!... Je suis désolé! Et ma femme qui comptait que j'aurais la croix!... Vous savez, les femmes!... Ah! si je ne l'ai pas, elle en fera une maladie, bien sûr... Il faut pourtant que le gouvernement se défende! Mais, comment? Que faire? ma position est effroyable.

LOVEL.

Peuh! Après tout, Pégomas représente aussi nos idées.

LE MAIRE.

Mais ce n'est pas le candidat du gouvernement...

LOVEL.

Ah! prenez garde, monsieur le maire, vous semblez dire qu'il y a encore des candidatures officielles. N'oubliez jamais ceci : Le gouvernement n'est que le serviteur du suffrage universel. Il doit à ses volontés une obéissance absolue. Continuez donc à combattre l'avocat Costeloub, puisqu'il ne représente qu'une minorité, paraît-il, et laissez faire la majorité... Si elle préfère Pégomas, eh bien, qu'elle prenne Pégomas! *Vox populi, vox Dei.*

LE MAIRE, éclairé.

Ah! je comprends!

LOVEL, à part.

C'est heureux.

LE MAIRE.

Je suivrai ponctuellement vos instructions. Et... quant à ma femme, c'est-à-dire à... ma décoration... puis-je espérer ?...

LOVEL.

Ah çà!... Vous savez que nous n'avons qu'une croix à donner?

LE MAIRE, naïvement.

Mais, je n'en demande pas davantage!

On aperçoit au dehors Pégomas entouré et suivi de gens dont il se débarrasse avec des poignées de main. Au moment où il entre comme un coup de vent, le Maire qui sort, le salue profondément.

SCÈNE VII

LOVEL, PÉGOMAS.

PÉGOMAS, sans voir le Maire, à Lovel.

On n'est pas venu du Palais? Caracel? Larvejol?.. Quelqu'un de « la Tomate ? »

LOVEL.

Personne.

PÉGOMAS.

Alors, le verdict Follioule n'est pas encore rendu. Voilà une heure et demie que les jurés délibèrent... mais qu'est-ce qu'ils font donc? (Apercevant les lettres sur la table.) Ah! des lettres pour moi! (Il les prend et se laisse tomber sur un fauteuil.) Ouf!

LOVEL.

Tu es fatigué?

PÉGOMAS.

Moi?... Ah! ah!

Il se relève.

LOVEL.

Dame! Depuis huit jours, tu n'arrêtes guère.

PÉGOMAS.

C'est vrai, l'embranchement du Rocas, la Comédie-Française, la statue, les fêtes, les banquets, les bouquets, les jeunes filles, les orphéons, les pompiers, le feu d'artifice, la revue, la farandole, j'ai tout préparé, dirigé, réglé. Ah! je n'ai pas perdu mon temps... Sans compter les palabres électoraux. Je suis à mon douzième discours.

LOVEL.

Miséricorde!

PÉGOMAS.

Eh bien, tu me croiras si tu veux, jamais je n'ai été plus gaillard... Ces agitations, ces émotions... (Bombe.) et jusqu'à ces détonations, tout cela m'excite, m'électrise. Il me semble qu'en me touchant, on ferait jaillir des étincelles. Ah! tu vas m'entendre tout à l'heure devant la statue...

LOVEL.

Oui, oui, j'ai confiance, mais ton élection? Voyons... Et d'abord Laversée?

PÉGOMAS.

Coulé!

LOVEL.

Ah!

PÉGOMAS.

Tu comprends bien, n'est-ce pas? que dans cette Provence, où l'homme parle comme l'oiseau chante, un candidat qui ne parle pas, parce qu'il ne vient jamais, et qui ne vient jamais parce qu'il ne parle pas, ça ne pouvait pas aller; et comme Pégomas est un enfant du pays, que Pégomas a tout fait, que les électeurs ne voyaient que Pégomas, n'entendaient que Pégomas, il était sûr qu'en les aidant un peu, ils finiraient par dire : Pourquoi pas Pégomas? Eh bien, ils l'ont dit.

LOVEL.

Quand?

PÉGOMAS.

Hier soir!

LOVEL.

Et tu as la majorité?

PÉGOMAS.

Ça, je le saurai après le verdict.

LOVEL.

Le verdict?

PÉGOMAS.

Eh oui!... L'avocat Costeloub et moi, c'est à peu près ric-à-rac. Restent les hésitants. Trois cents voix, un fort appoint. L'élection en dépend, Costeloub l'a bien compris, qui n'est pas bête, non. Aussi pour les gagner, en frappant un grand coup, il s'est chargé de la défense de l'assassin dans cette affaire Follioule qui fait un bruit énorme, de sorte que... tu comprends!...

LOVEL.

Oui, oui, s'il obtient des circonstances atténuantes...

PÉGOMAS.

Ou même l'acquittement.

LOVEL.

Oh!...

PÉGOMAS.

Oh! crime passionnel!... Et, dans ce cas, c'est une victoire pour lui, et il gagne trois cents voix.

####### LOVEL.

Mais si le coupable est condamné ?...

####### PÉGOMAS.

Au maximum? Oh! alors, c'est une défaite.... A moi les trois cents voix!... Mon affaire est dans le sac! Aussi, ce que je suis trépident! Caracel est à l'audience, il viendra m'avertir. Une heure et demie de délibération, ce n'est pas naturel!... Le jury hésite, c'est évident. Tiens! j'y vais!... Caracel!

SCÈNE VIII

Les Mêmes, CARACEL, LARVEJOL.

####### PÉGOMAS.

Eh bien?

####### CARACEL.

Eh bien, ce n'est pas fini.

####### PÉGOMAS.

Et vous désertez comme ça.

####### LARVEJOL.

Il faisait une chaleur!... D'ailleurs, Brascommié viendra nous dire l'arrêt aussitôt rendu.

####### CARACEL.

Ne t'inquiète donc pas. Il a été superbe, il aura sa condamnation. « La Tomate » est en veine, d'abord. J'ai vendu tous mes tableaux, moi.

LARVEJOL.

Et moi, donc!... Ma pièce a eu un succès!...

PÉGOMAS.

L'enceinte !

LARVEJOL.

Non, *Sainte !*

PÉGOMAS.

Comment, *Sainte ?*

LARVEJOL.

Oui, j'ai vu que le public ne mordait plus aux pièces raides, alors j'ai changé mon fusil d'épaule, et, tout en gardant mon sujet, je l'ai débaptisé, moyenâgé, mis en vers et transformé en mystère : *Sainte !*... Et ce que ça a réussi ! ah !

CARACEL.

Jusqu'à Saint-Marin !... Il s'est réconcilié avec madame de Laversée qui, depuis ce temps-là, est d'un doux, mais d'un doux !... une nouvelle mariée.

LARVEJOL.

Et puis, laisse donc, toute la ville est pour toi ; jusqu'aux pompiers...

CARACEL.

Et à propos des pompiers... Comment? tu leur donnes des uniformes avant l'élection ?

PÉGOMAS.

Eh bien ?

CARACEL.

Eh bien, maintenant qu'ils les ont, s'ils te lâchent ?

12

PÉGOMAS.

Ah! oui... Mais, je ne leur ai donné que le casque et l'habit, moi, pas bête... j'ai gardé la culotte... et ils ne l'auront que s'ils votent bien. Je les tiens par la culotte.

TOUS, riant.

Ah! ah! ah! ah!

LARVEJOL.

Oui, mais alors, si tu es nommé, gare à l'invalidation !... Corruption des électeurs.

PÉGOMAS.

Tu me fais rire. Qui est-ce qui est candidat en ce moment, hein?

LARVEJOL.

Mais Laversée.

PÉGOMAS.

Et qui est-ce qui a donné les uniformes, hein?

LARVEJOL.

Laversée.

PÉGOMAS.

Eh donc, si je substitue ma candidature à la sienne, c'est la mienne qui profitera de la corruption et la sienne qui en sera responsable.

TOUS, riant.

Ah! ah! ah!

CARACEL.

Tu es toujours le grand Pégomas.

LARVEJOL.

Seul des Pégomas !... Brascommié !

SCÈNE IX

LES MÊMES, BRASCOMMIÉ, arrive en courant, essoufflé.

PÉGOMAS.

Eh bien ?

LARVEJOL.

Acquitté ?

CARACEL.

Circonstances atténuantes ?

PÉGOMAS.

Condamné ?

BRASCOMMIÉ, hors d'haleine, d'une voix étranglée, mais joyeuse.

A mort !

Pégomas et Brascommié s'embrassent. On les entoure et les félicite.

CARACEL.

Félicitations !

LARVEJOL.

Compliments !

LOVEL.

Mon cher substitut !...

BRASCOMMIÉ, très ému, et très heureux.

Ah! mes amis, excusez-moi!... (Il s'essuie les yeux.) Mais vous comprenez, c'est ma première condamnation à mort...

LARVEJOL.

Joli début!

PÉGOMAS.

Te voilà avocat général dans un an.

BRASCOMMIÉ.

Et toi, député dans quinze jours!... Au fait, qu'est-ce qu'il dit de ta candidature, le père Laversée?

PÉGOMAS.

Lui?... Je ne l'ai pas même vu!

LOVEL.

Comment! depuis hier soir qu'il est ici?

PÉGOMAS.

J'ai mieux aimé qu'il l'apprit par d'autres. Maintenant que le coup est porté, je l'attends.

Il commence à décacheter ses lettres.

LOVEL.

Mais il va être furieux!

PÉGOMAS.

Peuh! Que ça fait-il?

CARACEL.

Alors, tu crois qu'il va comme ça?...

PÉGOMAS

Se soumettre et se démettre.

LARVEJOL.

Et en ta faveur, peut-être ?

PÉGOMAS.

Naturellement !

LOVEL.

Si tu me fais voir ça, tu es décidément très fort.

PÉGOMAS.

Alors, je suis décidément très fort, car tu vas voir ça. Le voici !

On aperçoit Laversée dans la rue.

LARVEJOL, regardant au fond.

Oui !

CARACEL, de même.

Il cherche la maison.

BRASCOMMIÉ.

Sauve qui peut !

Ils se précipitent vers la porte.

PÉGOMAS.

N'oubliez pas l'inauguration à deux heures précises.

CARACEL.

Pas de danger !

BRASCOMMIÉ.

Vite ! vite ! Il revient !

Larvejol, Caracel et Brascommié sortent.

PÉGOMAS, à Lovel, en décachetant sa lettre.

Reste, toi.... Ah! de Hugon!... Voilà pour le mari! (ouvrant une autre lettre.) Préfecture de Seine-et-Oise : et voilà pour la femme... Parfait!... Et maintenant, à nous deux, patron!

SCÈNE X

LOVEL, PÉGOMAS, M. DE LAVERSÉE, furieux.

PÉGOMAS, aimable.

Ah! monsieur de Laversée, enfin, on vous voit.

LAVERSÉE, se contenant.

Et vous, monsieur, on vous trouve.

PÉGOMAS.

Et vous êtes ici depuis?...

LAVERSÉE.

Hier, minuit, et ce temps m'a suffi... (Apercevant Lovel.) Ah! monsieur Lovel, très bien... vous serez juge.

LOVEL, à part.

Il est diablement en colère, le père Laversée.

LAVERSÉE.

Je viens, monsieur...

PÉGOMAS.

Madame de Laversée ne vous a pas accompagné au Caligou?

ACTE QUATRIÈME.

LAVERSÉE.

Non, monsieur, je viens...

PÉGOMAS.

Asseyez-vous donc !

LAVERSÉE.

Inutile, je serai bref. Et d'abord, laissez-moi vous dire que votre conduite...

PÉGOMAS.

Oh ! pas de jugement prématuré !... Asseyez-vous ! Asseyez-vous !... j'ai, en effet, des comptes à vous rendre.

LAVERSÉE, s'asseyant.

Je serai curieux de savoir...

LOVEL, à part.

Il s'assied !

PÉGOMAS.

Monsieur de Laversée, la rumeur publique vous a sans doute appris...

LAVERSÉE.

Tout, monsieur, tout ! Vous m'avez complètement joué. Après m'avoir jeté, malgré moi, dans une aventure politique, vous avez subrepticement remplacé ma candidature par la vôtre, dont je me trouve ainsi avoir fait les frais ! (Silence.) Eh bien, vous ne répondez rien ?

LOVEL, à part.

Il discute.

PÉGOMAS, tranquille.

Autant de mots, autant d'erreurs.

LAVERSÉE, sursautant.

Des erreurs !... Oui ou non, est-il vrai que vous m'avez forcé de me présenter à la députation, quand je songeais à tout autre chose?

PÉGOMAS.

Oui.

LAVERSÉE.

Oui ou non, est-ce vous qui m'avez pressé de finir mon *Murillo, sa vie, son œuvre*, et dissuadé de vous suivre dans les tournées électorales?

PÉGOMAS.

Oui.

LAVERSÉE.

Oui ou non, est-ce vous qu'on veut nommer?

PÉGOMAS.

Oui.

LAVERSÉE.

Eh bien?

PÉGOMAS.

Eh bien, à qui la faute?

LAVERSÉE.

Vous allez voir que c'est à moi!

PÉGOMAS.

Sans doute.

ACTE QUATRIÈME

LAVERSÉE, avec colère.

Eh ! monsieur...

PÉGOMAS, de même.

Eh ! monsieur, quand je pensai à vous pour le Parlement, pouvais-je me douter que votre infirmité oratoire allât jusqu'à ce point qu'il vous fût impossible, non seulement de dire quatre mots, mais de lire quatre lignes? M'en aviez-vous prévenu?

LAVERSÉE.

Mais, je ne le savais pas, moi.

PÉGOMAS.

Eh ! si vous ne le saviez pas, vous, comment vouliez-vous que je le susse, moi? Allons, voyons, monsieur de Laversée, soyez pratique, puisque vous n'avez aucune chance d'être élu, faites ce qu'on fait toujours en pareil cas, dites que vous vous sacrifiez à votre parti, désistez-vous !

LAVERSÉE.

Vraiment ! Et en votre faveur sans doute?

PÉGOMAS.

Naturellement ! De cette façon...

LAVERSÉE.

De cette façon... Je suis battu !...

PÉGOMAS.

Vous n'êtes pas battu, puisque vous ne vous battez pas.

LAVERSÉE.

Vous prenez ma place !...

PÉGOMAS.

Je ne prends pas votre place, puisque vous me la donnez.

LAVERSÉE.

Enfin, vous me tuez et vous héritez de moi !

PÉGOMAS, avec reproche.

Ingrat !

LOVEL, à part.

Hein ?

LAVERSÉE.

Comment, ingrat ?

PÉGOMAS.

Monsieur de Laversée, répondez à votre tour. Oui ou non, est-il vrai que je vous ai porté à la députation malgré vous?

LAVERSÉE.

Oui.

PÉGOMAS.

Oui, ou non, est-il vrai qu'elle n'était pas pour vous un but, mais un moyen d'arriver à un autre but ?

LAVERSÉE.

Oui.

PÉGOMAS.

Oui ou non, est-il vrai que votre but était un autre siège que celui du Parlement ?

LAVERSÉE.

Oui.

PÉGOMAS.

Un fauteuil, celui-là?

LAVERSÉE.

Oui.

PÉGOMAS.

Et dans un milieu moins... mêlé?

LAVERSÉE.

Oui.

PÉGOMAS.

Eh bien, si, sans vous faire passer par l'un, j'avais trouvé le moyen de vous faire asseoir sur l'autre?

LAVERSÉE, étonné.

Le fauteuil?

LOVEL, à part.

Tiens! tiens!

PÉGOMAS.

Monsieur de Laversée, depuis huit jours, Nointot le critique d'art, membre de l'Institut, donne à ses aspirants successeurs les plus sérieuses espérances.

LAVERSÉE, ému.

Monsieur Pégomas!...

PÉGOMAS.

Demain, aujourd'hui peut-être, sa place sera vacante.

LAVERSÉE, anxieux.

Pégomas!...

PÉGOMAS.

Et j'ai là, dans ma poche, une lettre de Hugon qui, en me l'annonçant, me garantit vingt-six voix, c'est-à-dire la nomination assurée de quelqu'un...

LAVERSÉE, ravi.

Mon cher Pégomas!...

PÉGOMAS.

Quelqu'un à qui vous portez le plus vif intérêt.

LAVERSÉE, naïvement.

Moi?...

LOVEL, à part.

Ça y est!

LAVERSÉE, enivré.

Est-ce possible?... L'Institut!... Et moi qui doutais... Les paroles me manquent...

PÉGOMAS, à part.

Toujours! (Détonation.) (Généreusement.) Allez, maintenant, monsieur l'académicien, allez vous préparer pour cette fête dont je ne suis que l'humble instigateur et dont vous serez le héros... Allez et ne portez plus de jugements téméraires.

LAVERSÉE.

Oui. J'y vais! j'y vais!... Mais je reviendrai ici après la cérémonie et vous verrez que je ne suis pas un ingrat... Ah! Pégomas! Claudius! (Il l'embrasse.) Permettez-moi!... Vous verrez!... vous verrez!...

Il sort en courant.

SCÈNE XI

LOVEL, PÉGOMAS, puis PIERRE et GRIGNEUX.

PÉGOMAS, à Lovel.
Et il m'embrasse, tu vois?

LOVEL.
Je m'incline.

PÉGOMAS, radieux.
A présent, je crois que la voie est libre, hein! Et à moins que madame de Laversée n'ait pris le train cette nuit, tout exprès pour venir me mettre des bâtons dans les roues... Mais, au fait, à propos de train... Eh bien, et Pierre?... Ah! le voici. (Pierre et Grigneux entrent.) Eh!... arrive donc, grand homme!

PIERRE.
Je ne pouvais pas aller plus vite que le chemin de fer!...

GRIGNEUX.
Nous avons eu le temps de nous habiller à Valence.

PIERRE.
Maman n'est pas là?

PÉGOMAS.
Elle est allée à ta rencontre, vous vous serez croisés... Elle va revenir... Je te laisse... Une heure et demie! Diable!... Tu as le temps juste!... Dix minutes pour les

effusions, et après, l'apothéose!... Allons mettre notre cravate blanche... A tout à l'heure sur l'estrade!... (Déclamant.) « Citoyens!... » (A Lovel.) Ah! tu vas entendre ça!

Il sort avec Lovel.

SCÈNE XII

PIERRE, GRIGNEUX.

PIERRE.

Eh bien, Grigneux, voilà le moment, nous allons la voir... votre cœur bat, hein?

GRIGNEUX.

Oui!

PIERRE.

Et le mien donc! Ne nous faisons pas languir! (Appelant à la porte latérale de droite.) Maria!

VOIX, à la cantonade.

Ah! Monsieur Pierre!

PIERRE.

Mademoiselle Valentine est ici?... Au jardin? Bon!... Priez-la de venir.

GRIGNEUX.

Mais qu'allez-vous faire?

PIERRE.

Oh! tant que ma mère ne sera pas là, rien!... elle a ma parole. Mais quand elle y sera, par exemple!...

GRIGNEUX.

Prenez garde, mon ami.

PIERRE.

Oh! elle s'attend bien à quelque chose, allez; elle me connaît, nous nous ressemblons, nous sommes de l'école du pied dans le plat, tous les deux.

GRIGNEUX.

Patientez encore!

PIERRE.

Voilà cinq mois que je patiente. Non, non! Il faut que je sache à quoi m'en tenir; c'est réglé, n'en parlons plus. Mais vous, mon ami, qu'est-ce que vous allez dire à votre... enfin à cette jeune fille?... Aurez-vous le courage de parler, cette fois?

GRIGNEUX.

Non!

PIERRE.

Pourquoi êtes-vous venu alors?

GRIGNEUX.

Ah! oui, pourquoi? Vieux fou! Pour la voir encore. Et quand je la vois, pourtant, si vous saviez de quelles cruautés est fait ce bonheur-là. Je suis devant elle comme un coupable, ce qu'elle me demande me trouble, ce qu'elle ne me demande pas me fait peur. Il me semble qu'elle me deviens parce que je sens que je me trahis. Et cependant, vous voyez, me voilà ici pour la troisième fois, quelle imprudence! Et j'ai bien fait pire, allez!... Oui, il y a huit jours, décidé à ne plus revenir, j'ai voulu qu'elle connût au moins les traits de sa mère, et je lui ai envoyé une miniature que j'avais faite d'elle autrefois. Oh! sans un mot de moi, bien entendu, un envoi anonyme. Est-ce assez adroit, hein? Comme si je n'étais pas le seul qu'elle en pût soupçonner! Et alors, qu'est-ce qu'elle doit penser?... Ah! je ne suis pas plus sage que vous. Tous les amours se ressemblent.

PIERRE.

Eh! Dites-lui donc que vous êtes son père, vous en mourez d'envie.

GRIGNEUX.

Ah! si je le pouvais, je l'aurais fait déjà... Et avec quelle joie!... Est-elle la fille de mon sang? Peut-être? Que m'importe!... Elle est sa fille, à elle, ou plutôt, c'est elle, oui, elle qui revit dans cette enfant, et c'est assez pour moi... mon cœur le reconnaît, mon amour la légitime.

PIERRE.

Eh bien, alors?...

GRIGNEUX.

Eh bien, est-ce que je peux lui dire cela? Et si je l'appelle ma fille, est-ce que je peux ne pas le lui dire? Ce passé sur lequel elle ose à peine interroger l'ami, elle aura le droit de l'exiger du père, et si elle me demande pourquoi elle n'a pas de nom, qu'est-ce que je lui répondrai, moi?

PIERRE.

Dame! la vérité!

GRIGNEUX.

C'est-à-dire que madame de Laversée avait raison, que j'ai menti, que sa mère... Jamais!... La mère a été une sainte, son père un misérable; tous deux sont morts, je le lui ai dit, elle le croit, je l'espère, c'est mieux aussi : je veux que cela soit ainsi. Je veux que la mémoire de l'absente toujours chère, reste dans le souvenir de son enfant, comme j'ai voulu qu'elle restât dans le mien toujours pure. C'est le dernier sacrifice que je fais à la morte adorée et, qui sait?... elle le voit peut-être, et sa pauvre âme en est heureuse.

PIERRE.

Je plains l'orpheline.

GRIGNEUX.

Elle! Et de quoi donc? Quel père lui donnerais-je là? Georges Raymond, dit Grigneux, dit Vernisecettout, le rêveur sénile, le vieux rapin qui n'a pas su se faire un nom dans son art et ne s'est fait qu'un sobriquet dans son métier! Allons donc! Elle ne pourrait même pas m'estimer. Non! cent fois non! Je resterai pour elle un étranger qui la protégera, la défendra... Oh! cela de tout son cœur et de toutes ses forces, mais de loin et qu'elle ne connaîtra jamais! Que voulez-vous, mon ami? C'est ma destinée, je serai un père, comme j'ai été un artiste, chimérique et ignoré (Apercevant Valentine qui paraît à la porte de droite.) C'est elle!

PIERRE.

Vous pâlissez!

GRIGNEUX, tristement.

Oui, c'est mon bonheur qui commence.

SCÈNE XIII

LES MÊMES, VALENTINE, puis MADAME CARDEVENT.

PIERRE, avec une rondeur forcée.

C'est nous, mademoiselle.

VALENTINE, émue.

Bonjour, monsieur Pierre.

GRIGNEUX, comme Pierre.

Et toujours moi, mon enfant! Vous ne m'attendiez pas?

VALENTINE.

Si!

GRIGNEUX.

Malgré ma lettre?

VALENTINE.

Malgré votre lettre.

GRIGNEUX, à part.

Comme elle me regarde!

VALENTINE, le prenant à part et bas.

J'ai reçu le portrait de ma mère.

GRIGNEUX, troublé.

Le portrait?..

ACTE QUATRIÈME.

VALENTINE.

Vous aviez raison, je lui ressemble.

GRIGNEUX.

Mais je ne...

VALENTINE.

Merci encore, merci de tout!... Vous ne seriez pas plus tendre, si j'étais votre fille.

GRIGNEUX, à part.

Mon Dieu!

MADAME CARDEVENT, entrant.

Eh! oui, ils sont là! Monsieur Grigneux... (Embrassant Pierre.) Et mon Pierre, qu'il y a longtemps!... Mon pauvre garçon!... Et dire que je ne t'ai pas plutôt vu qu'il faut que tu me quittes. Oui, j'ai rencontré Pégomas, il venait te chercher... la cérémonie va commencer. Quel ennui! Bah! je me rattraperai... Mais regarde-moi donc! tu es pâlot, tu as maigri... qu'est-ce que tu as?

PIERRE, résolument.

Je vais te le dire.

Détonation.

MADAME CARDEVENT.

Le premier coup!... Nous n'avons pas le temps... Embrasse-moi encore (Elle l'embrasse.) et va-t'en bien vite!... Tu me raconteras ça tout à l'heure.

PIERRE.

Non, tout de suite.

MADAME CARDEVENT.

Mais tu fais attendre ta gloire, comme dit Pégomas.

PIERRE.

Ah! ma gloire!... je m'en moque pas mal de ma gloire!

MADAME CARDEVENT.

Hein?

PIERRE.

Écoute... Non, ne vous en allez pas, Grigneux, ni vous non plus, mademoiselle, ça vous regarde. (A madame Cardevent.) Tu te rappelles ce que je t'ai dit, il y a cinq mois, à Paris, le jour de ton départ... Tu sais que... combien je... c'est-à-dire tu sais que mademoiselle Valentine... enfin, tu sais que je l'aime!... (A Valentine, sans la regarder.) Pardon de vous dire ça devant tout le monde, mademoiselle, mais, devant vous seule, je n'ose pas... et il faut pourtant bien que vous le sachiez, à la fin.

MADAME CARDEVENT.

Pierre!

PIERRE.

Ah! il y a assez longtemps que ça dure, vois-tu! Je ne peux plus vivre comme ça, j'en ai assez!

MADAME CARDEVENT.

Mon fils!...

PIERRE.

Oui, tu croyais peut-être que je l'oublierais... Ah! l'oublier!... Si tu savais, depuis cinq mois, je ne pense, je ne vis... Enfin, je l'aime plus que jamais, entends-tu?... De toute mon âme, de tout mon cœur, de toutes mes forces, de tout moi, là! Maintenant, as-tu changé d'idée?... Je n'en sais rien... (Toujours sans regarder Valentine.) Et elle, mademoiselle Valentine, m'aime-t-elle? Oh! pas comme je l'aime, ce serait trop beau, mais seulement assez pour se laisser aimer?... que ce soit oui ou non, dis-le-moi, je veux le savoir. Je ne peux plus vivre comme ça, je te dis, je ne peux plus! Et si c'est non, alors... oh! alors... que ce soit elle qui ne veuille pas de moi, ou toi qui ne veuilles pas d'elle, c'est fini, vois-tu! Je ne sais pas ce que je ferai, où j'irai, mais quoi que je fasse, où que j'aille, tu peux être sûre d'une chose, c'est que je serai... (sa voix se brise.) Ah! si malheureux... (silence). Eh bien, voyons, dis, maman... est-ce oui ou non?.. dites, mademoiselle?

VALENTINE, avec effort.

Non, monsieur Pierre.

PIERRE.

Ah!

GRIGNEUX, à Pierre.

Mon ami!

PIERRE.

Vous ne m'aimez pas? (Elle fait signe de non.) Vous aimez quelqu'un? (Même signe.) Alors pourquoi! Et vous ne croyez pas que peut-être un jour... Non, jamais?...

VALENTINE, en pleurant.

Je ne vous aime pas.

GRIGNEUX, à part.

Pauvre enfant!

PIERRE.

Vous parlez librement? Personne ne vous a dicté votre réponse? — Oh! répétez encore! Je vous jure que cela en vaut la peine.

VALENTINE, avec un sanglot.

Je ne vous aime pas !

PIERRE, désespéré.

C'est bien, adieu !

Il s'élance dehors.

MADAME CARDEVENT, avec un grand élan.

Mais tu ne vois donc pas qu'elle ment ! Ah ! brave fille ! va ! reste ! je te la donne !

PIERRE.

Ah !

VALENTINE.

Madame, ah ! madame, je suis trop heureuse.

PIERRE, timide et ravi.

Mademoiselle, c'est donc vrai, vous voulez bien ?...

VALENTINE.

Attendez ! (Allant à Grigneux et bas.) Consentez-vous à ce mariage, mon père ?

GRIGNEUX, éperdu.

Ma fi !...

VALENTINE, lui mettant la main sur la bouche et tendrement.

Tais-toi ! (Revenant à Pierre). Oui, monsieur Pierre !

Détonation.

SCÈNE XIV

Les Mêmes, LE MAIRE, PÉGOMAS, LOVEL, M. DE LAVERSÉE, CARACEL, LARVEJOL, BRASCOMMIÉ, LE FACTEUR, LES POMPIERS en grand uniforme, sauf les pantalons qui sont en coutil de toutes couleurs. Flot de peuple qui acclame Pégomas. Celui-ci a la croix de la Légion d'honneur à sa boutonnière. Grand brouhaha.

LE MAIRE, indigné.

Ah! ce Pégomas!... Quel aplomb! Et ma femme qui espérait...

CARACEL.

Eh bien! en voilà un discours, hein?...

LARVEJOL

Superbe!

BRASCOMMIÉ.

Lamartine!

LOVEL.

Mirabeau!

LE FACTEUR.

Beau! beau!

LAVERSÉE, qui est entré depuis un instant, au Maire.

Comment, c'est lui qui a la croix?

LE MAIRE, lugubre et rageur.

Oui, monsieur, ma croix!

Autre flot de peuple, nouvelles acclamations. Musique Militaire qui s'approche.

LAVERSÉE, allant à Pégomas et à mi-voix.

Monsieur Pégomas, je ne suis pas un ingrat, voici mon désistement.

Il lui remet un papier.

PÉGOMAS, lui en remettant un autre et de même.

Et voici vos vingt-six voix ! (Tendant le désistement à ses amis.) Faites imprimer et afficher. (A lui-même.) Je suis député !

VOIX.

Vive le député du Caligou ! Vive Pégomas !

PÉGOMAS, faisant taire la musique.

Merci, mes chers concitoyens !... Merci de l'insigne honneur que vous me faites, en m'appelant à représenter à la Chambre les intérêts de cette noble cité !...

TOUS.

Bravo !

PÉGOMAS.

Le plus grand bonheur de l'homme qui aime réellement son pays, c'est de le servir.

LE MAIRE, furieux et parlant dans le bruit.

Ou de s'en servir ! Cabotin !

Reprise de la musique (Orphéon avec sa bannière) qui joue dans le fond, devant la maison. Acclamations réitérées. Une petite fille présente un bouquet à Pégomas qui embrasse l'enfant.

FIN

www.ingramcontent.com/pod-product-compliance
Lightning Source LLC
Chambersburg PA
CBHW060130170426
43198CB00010B/1111